大学生
体疗保健

曹春梅　马勇志◎著

中国纺织出版社有限公司

内 容 提 要

本教材内容是清华大学体疗课的实践成果，具有鲜明的基础性、实践性和综合性，强调学生要根据自身的特点，在全面发展体能、提高健康水平的基础上，选择科学的锻炼方式促进自身发展。教材旨在培养学生运动爱好和专长，掌握适应终身体育和健康生活需要的体育与健康基础知识、基本技能和基本方法，提高学生自主学习体育与健康知识和方法的能力。

图书在版编目（CIP）数据

大学生体疗保健/ 曹春梅，马勇志著. --北京：中国纺织出版社有限公司，2023.4

ISBN 978-7-5229 -0402 -3

Ⅰ.①大… Ⅱ.①曹… ②马… Ⅲ.①体育—高等学校—教材②健康教育—高等学校—教材 Ⅳ.①G807.4 ②G647.9

中国国家版本馆CIP数据核字（2023）第044047号

策划编辑：曹炳镝 责任编辑：段子君
责任校对：高 涵 责任印制：储志伟

中国纺织出版社有限公司出版发行
地址：北京市朝阳区百子湾东里 A407 号楼 邮政编码：100124
销售电话：010—67004422 传真：010—87155801
http://www.c-textilep.com
中国纺织出版社天猫旗舰店
官方微博 http://weibo.com/2119887771
三河市延风印装有限公司印刷 各地新华书店经销
2023 年 4 月第 1 版第 1 次印刷
开本：710×1000 1/16 印张：15.75
字数：216 千字 定价：99.00 元

　　随着社会的发展，社会生活各方面的科技化、电子化不断提升，人们日常工作学习所需的体力活动水平大幅度下降，体质健康水平也相应地下降。而一直以学习为主要任务的大学生们的健康水平更是不容乐观。大学生体育教育是高等教育重要的、有机的、不可缺少的组成部分，对培养德、智、体、美、劳全面发展的社会主义事业建设者具有不可替代的作用。

　　体育课程是一门以身体练习为主要手段、以体育与健康知识和技能为主要学习内容、以增进学生健康为主要目的的必修课程，它具有鲜明的基础性、实践性和综合性，是学校课程体系的重要组成部分，是实施素质教育和培养德、智、体、美、劳全面发展人才不可缺少的重要途径。清华大学针对学生的情况系统地制订了1~4年级同学的体育课程大纲，并在蒋南翔校长"为祖国健康工作五十年"的口号的基础上，提出了"无清华，不体育""育人至上，体魄与人格并重"等一系列更具时代特色的口号，体育已经内化为清华人的气质，并对全国高等学校乃至全社会都产生了广泛的影响。

在众多学生中，有一小部分学生患有慢性病，或者处于手术恢复期、身体康复期，这些学生不适宜和其他学生一起参与到普通体育课中进行较高强度的运动。为此，清华大学专门开设了体疗课程。体疗课是一门通过合适的运动方式帮助同学康复，通过运动处方，提升同学们健康水平的课程。

清华大学的体疗课有悠久的传统，20世纪20~30年代，清华大学正式设立体育课不久后，在马约翰主导下就开设了适合少量体弱和患有慢性病同学的体弱班，解放后，根据在校生的患病情况还专设过"肺病班"。马约翰在任时，亲自带学生锻炼，成效明显。直至今日，体疗课一直开设且教学效果不错。学生身体健康不佳，容易情绪低落、抑郁甚至会失去生活的信心。体疗课程的教学需要特别注意改善学生的心理状况，通过之前成功的疗效实例帮助同学们建立康复的信心，并激发他们参与锻炼的兴趣，落实到具体的运动实践行为中。据相关调查研究发现，体疗课的痊愈率保持在15%的水平，效果明显率也在15%的水平，好转率可以达到50%的水平。体疗课给患有慢性病或身体状况差的同学极大的帮助，作为清华大学的传统和特色课程，保持至今。

本教材内容是清华大学体疗课的实践成果，具有鲜明的基础性、实践性和综合性，强调学生要根据自身的特点，在全面发展体能、提高健康水平的基础上，选择科学的锻炼方式促进自身发展。教材旨在培养学生运动爱好和专长，掌握适应终身体育和健康生活需要的体育与健康基础知识、基本技能和基本方法，提高学生自主学习体育与健康知识和方法的能力。

本教材在框架结构设计和内容的选择上，根据体育与健康的科学内涵和学生对体育与健康的多元化需求谋篇布局、设置内容体系。同时，本教材将运动理论和运动技能紧密结合，明确学习目标，以章和节为载体来体现高等院校教育课程改革的新视野，兼具实用性和创新性。

由于编写人员的水平有限，尽管做了较大努力，但是不妥之处仍然在所难免，敬请指正。对为本教材的编写提供资料的老师，在此表示诚挚的谢意！

著者

2022 年 10 月

目 录

第一章
体育运动促进健康

学习目标

了解体育的发展历程和功能。

了解健康的定义以及运动与健康的关系。

了解运动的医疗效用。

思政之窗

随着"双减"政策落地,体育与健康课程越来越凸显其重要性。依据中华人民共和国教育部、北京市海淀区教育委员会发布的重要指导意见,"加强体教融合、促进青少年体育健康发展"成为当前学校体育教育的重中之重。许多体育教师在"双减"背景下与时俱进,更新教育理念,创新课程建设,重视差异化教学和个体化指导,向着兴趣化、多样化以及学科融合等方面不断推进,帮助学生喜欢体育,热爱体育,享受体育。

第一节　体育与大学体育

　　体育是人类特有的、随着人类文明一同发展而来的社会文化现象，在人类社会中发挥着独特的功能，有着无可替代的作用。

一、体育的起源与发展

　　"体育"一词虽出现较晚，但其所代表的活动历史悠久，贯穿了人类文明的整个发展史。对于体育的起源和发展，大体可以分为以下四个阶段。

　　1．萌芽的原始体育

　　最早的体育出现在原始社会时期，由于生存环境极为恶劣，死亡的阴影时常笼罩在人们头顶，人类为了生存，只能依靠自身的体力同恶劣的生存环境作斗争。原始人类学会了奔跑、投掷、攀登、爬越、泅水等行为，还学会了通过打猎、采集、捕鱼等方式获取生活所必需的食物。这些行为既是劳动手段，又是基本生活技能，还蕴涵了体育活动的萌芽。

　　由于生产力水平的限制，原始社会的体育活动往往与生产、游戏等融合在一起，未能形成专业的体育运动，也就没有出现专业的体育运动者。所以，就本质而言，原始社会的体育萌芽是由经济状况、生产状况和实践方式决定的，是在生存过程中简单模仿所形成的。但毋庸置疑，体育自此萌芽，在原始的星光下和初绽的黎明中扎根、发芽，不断成长。

2. 蜕变的古代体育

在漫长的历史中，在社会制度、经济发展和文化积累等多种因素的作用下，古代的体育也发生了形和质的改变。在奴隶社会时期，体育运动在原始体育萌芽状态的基础上发展为了初级形态。在生产力进步的情况下，频繁的军事战争成为体育蜕变的重要动力，体育和劳动初步分离，而与军事、教育、宗教、礼仪及统治阶级的享乐生活紧密结合，并向着多样化、复杂化和独立化的方向发展。这一阶段有文字记载的体育运动包括射（射箭）、御（驾驭车马）、角力、兵器武艺、奔跑、跳跃、举鼎、拓关（古代举重项目之一）、游水、投壶和棋类活动等。

我国古代体育蓬勃发展的局面出现在封建社会的战国到南北朝这一时期。体育的项目不断增多，具体的运动内容也日益丰富。其中最著名的是导引术，如图1-1所示。体育活动的范围也从城市扩展到乡村，且无论是官方还是民间都在开展体育活动。具体到体育技术上，以角抵（一种两两角力的活动）、蹴鞠为代表的体育项目发展迅速，并逐渐向竞技体育发展，甚至涌现出一大批技术高超的体育人才；一些体育专著的出版和传播也标志着古代体育的理论水平在不断提升。

图1-1　导引术

到了隋唐五代时期，体育的发展呈现出空前繁荣的景象，表现在以下几个方面。

（1）体育项目多，且逐渐规范，还拥有了专职机构和专业人员，其中以蹴鞠、武术和角抵等为主要代表，如图1-2所示为蹴鞠竞赛。

图1-2　蹴鞠竞赛

（2）体育技术水平的逐渐提高，也使体育竞技的规模变大。

（3）体育运动成为人们日常生活的组成部分，马球、蹴鞠、踏球和抛球是其中的佼佼者，其中又以马球和蹴鞠最为盛行，如图1-3所示为马球运动场面。《盐铁论·国疾》记载："里有俗，党有场，康庄驰逐，穷巷蹋鞠。"蹋鞠即蹴鞠，汉代25户为一里，500户为一党。凡"里"就有人蹴鞠，凡"党"就有专门的蹴鞠场地，可见其普及度极高。

图1-3　马球运动场面

（4）国家间的体育交流增多。一方面，唐代的技击术在朝鲜半岛的新罗广泛流行，养生术、蹴鞠也传入日本；另一方面，古印度人、古罗马人的杂技和幻术从汉代起就不断传入中国。

封建社会后期，体育的发展呈现出两种不同的态势。一方面，民间体育组织的出现极大地推动了民间体育的普及和技术的提高，以武艺、球类和养生为代表的体育资料被汇集成书；另一方面，宋初的政治环境和学术思想在一定程度上又阻碍了体育的进一步发展。

3．曲折的近代体育

封建社会末期，西方近代体育运动开始大规模地传入国内，包括体操、田径、游泳、足球、篮球、排球、棒球、垒球、网球和乒乓球等。在这个时期，我国的体育运动生存艰难，运动技术水平的提高缺乏必要的基础和周期，发展极其缓慢。

4．崛起的现代体育

1949年以后，我国体育事业的发展突飞猛进，群众性体育运动广泛开展，群众性体育组织体系逐渐健全，并从1995年起实施全民健身计划。1959年，乒乓球运动员容国团获得了中国体育史上的第一个世界冠军。2008年，我国更是成功举办了第29届奥林匹克运动会，中国奥运代表团实现了历史性的突破。2022年，我国成功举办了第24届冬季奥林匹克运动会，我国体育代表团首次全项参赛，并取得了优异的成绩。我国学校体育的发展也出现了前所未有的好局面，并出现了"快乐体育""终身体育""创意体育"等一些崭新的教学理念和教学模式。大众体育方面，在党和政府的重视和大力支持下，我国逐渐形成了特色的大众体育发展路线，随着我国社会经济的不断发展，人们逐渐意识到大众体育的重要性，体育也正在成为当代人的一种重要生活方式。

二、体育的功能

在漫长的发展过程中，体育与个人、社会相互影响，体现出了对个人、对社会的各种功效和作用。这些功效和作用就是体育的功能。

1．健身功能

体育的健身功能主要体现在体育运动不仅能促进人体的生长发育，而且对提升人体内脏器官和心血管系统的机能有着积极的作用。研究表明，不参与体育活动且患有心血管系统疾病的总人数比参与体育活动且患病的总人数多出 3 倍。另外，体育运动可以提高人体的免疫力和抗疾病能力，不断增强人的体质，提升人对自然、社会环境的适应能力。

2．教育功能

体育是教育的一部分，发展体育不仅能促进教育的进步和改善，而且能影响教育的内容和方法。参与体育活动的过程，就是受教育的过程。特别是对学生而言，体育不仅能引导学生进行身体锻炼，还能对学生进行政治思想、意志品质和道德规范的教育，促进学生树立正确的人生观和世界观。另外，人们在参与、观赏体育运动的过程中，还会被运动员为获得胜利奋力拼搏的精神所感动，从而激发爱国热情、振奋民族精神，受到深刻的社会教育。

3．娱乐功能

体育既能丰富社会文化生活，又能满足人们的精神需要，是一种非常积极健康的娱乐方式。体育运动的参与者在与队友默契配合、与对手斗智斗勇，以及在征服自然的过程中可以获得不同的情感体验，娱乐自己的身心。体育运动具有观赏性，特别是竞技体育，让健与美、力量与速度得以完美结合，让观众得到美的享受。所以，体育运动在强健身体的同时还有陶冶情操、愉悦身心的效果，让人们在繁忙的工作和学习后获得一定的休息和放松。

4．经济功能

经济是一个国家的物质基础，体育的发展依赖于经济的支持，同时可以反作用于经济，体育商业化和产业化为国民经济的发展带来了极大的促进作用。人们参与体育活动会带动体育设施、运动装备服饰和相关体育周边项目等消费，这些是内需的重要组成部分，对经济的发展起着重要的驱动作用。

三、大学体育概述

大学体育课程是按照教学大纲而组织的专门教育课程，是大学教学计划所规定的必修课程，也是实现大学体育目标的最基本途径。

1．大学体育理念

大学体育有三大理念。

（1）健康第一。健康一直是人类最关心的生存需要之一，世界卫生组织发表的《阿拉木图宣言》指出："健康不仅是没有疾病和痛苦，而是包括身体、心理和社会功能各方面的完好状态。""健康是基本人权，达到尽可能的健康水平是世界范围内的一项最重要的社会性目标。"非常清晰地表明健康是一个生理、心理和社会适应能力相统一的三维现代观念。

教育是提高整体国民素质的根本。大学体育作为大学教育的重要组成部分，应该在"健康第一"的思想指导下，强调"体育是手段，健康是目的，体育为健康服务"的意识，将工作重心转移到全面提高全体学生的身心健康水平上，具体表现如下。①在课程设置和内容选择上体现"健康第一"的思想。②让学生认识到体育锻炼是实现自身健康的有效途径。③培养学生的健康和体育意识。④传授正确的锻炼和健身方法。

（2）素质教育。素质是在人的先天生理基础上经过后天教育和社会环境的影响，由知识内化而形成的相对稳定的心理品质，包括科学文化素质、思想道德素质、身体心理素质和劳动技能素质。素质教育则是以提高人才素质作为重要内容和目的的教育方式，其核心是培养学生的创新能力与实践能力，素质教育也是现阶段我国教育改革与发展的主要方向。

素质教育有以下三个方面的基本教育方针。①全部覆盖。素质教育必须面向全体学生，为每个学生都提供公平的学习机会，使全部学生都学习并具备合格公民的基本素质。②全面发展。素质教育需要根据学生身心发展不同特点，因地因校制宜，着力培养学生学习的主动性和创造能力，促进学生在体育、文化、道德和心理等多个方面共同学习和进步。③主动发展。提倡"让学生主动发展"，在尊重学生的主体地位基础上调动其积极性，并全面观察分析每个学生，善于发现和开发学生潜在素质的闪光点，因材施教，给学生创造一个自主的发展空间，使其个性得到充分自由的发展。

（3）终身体育。终身体育是指一个人终身进行身体锻炼和接受体育指导及教育。在教育方面，体育是教育的组成部分，必然要体现终身教育的思想；在体育方面，体育要遵循人体生长发育的规律和人体的活动规律，符合对人身体锻炼的要求。终身体育的理念将人一生的身体发展和锻炼问题当作一个整体，视学校体育为其中的一个阶段，并将学校体育的视角从关注学生当前扩展到关注学生的未来和终身。终身体育要求学生掌握体育和健康的理论知识和必需的体育技能，增强自身的体力和健康水平。终身体育还强调发展学生的个性，主张体育生活化，让学生养成锻炼身体的习惯，通过人际交往促进人的社会化，并注重人的心理素质和情感的发展。

2. 大学体育的使命

现代社会对大学生的要求不单单停留在学习知识文化上面，过硬的身体条件、良好的心理素质以及良好的个人社会关系等也已经成为新时代大学生能否成才的重要评判标准。这将对大学体育教学模式提出新的要求，并赋予其更多的责任和使命，大学体育的使命主要包括以下几点。

（1）提升大学生体质健康水平，助力健康中国建设。党中央提出了建设健康中国的重大战略部署，并制定《"健康中国2030"规划纲要》来推进健康中国建设的目标达成。各大高校也要肩负起提升大学生体质健康水平的任务，进而实现国家整个教育体系在学生体育兴趣与行为养成上"最后一公里"的目标。

（2）培养大学生体育道德。大学体育为大学生提供了真实且常见的道德教育环境，通过体育运动来培养大学生道德，使其树立正确的世界观、人生观和价值观。大学体育能够让大学生在遵守规则的前提下，学会如何与人合作和公平竞争，在复杂的环境下解决问题，并在这个过程中培养勇敢拼搏、永不放弃和追求卓越等意志品质，以及互相尊重、团结友爱等精神风貌。

（3）提升大学生的具有中国特色的社会主义体育文化素养。中国特色的社会主义体育文化既是对中华传统优秀体育文化的继承，也是中国共产党领导人民所创造的革命文化和社会主义先进文化的集中体现。大学体育则需要肩负起对大学生进行中国特色社会主义体育文化的宣传和教育工作，通过体育运动培养大学生的爱国主义情怀和奋斗不息的精神，提高大学生对中国特色的社会主义体育文化的认同感。

（4）为体育强国建设培养和输送人才。我国大学体育在完成体育强国建设的两大任务（全民健身和奥运会）过程中所做的贡献有限，远低于世界其他体育强国的水平。所以，新时代大学体育的发展需要在重视大学生群体活动组织的数量与质量基础上，注重精英运动员的培养，为国家的竞技体育发展培养和储备优质的体育人才。

3．大学校园体育文化

大学校园体育文化是大学体育标志、体育口号、体育文化价值观、体育活动和体育竞赛相联系而产生的，是经过长期发展而形成的校园体育精神。

（1）体育标志。文化可以通过外显的形式直接表现出来，体育标志就是大学校园体育文化内涵的表现形式之一。大学体育标志有校队队服、徽章和吉祥物等，在学校开展体育竞赛时，大学生手拿吉祥物，身着统一的队服为运动员呐喊助威，这种方式能展现校园体育文化。

（2）体育口号。体育口号也是大学校园体育文化的重要表现形式之一，能反映学校在体育文化建设上的鲜明特色。例如，清华大学的体育口号是"为祖国健康工作 50 年"，反映了清华大学校园体育中深深镌刻的崇尚体育、热爱运动的印记，以及在体育运动上的开放精神，将这种体育文化理念延伸到校外，升华为爱国敬业的价值观，把大学体育拓展到终身体育的境界。

（3）体育文化价值观。大学校园体育文化价值观表现在物质和精神两个方面。物质方面主要表现为增强大学生的身体素质，强身健体；精神方面则表现为加强大学生的集体主义和爱国主义教育。在这种体育文化价值观的指导下，大学生可以形成大学校园体育锻炼和竞赛的基本目标，在强身健体的基础上追求"更高、更快、更强"的身体极限，培养"团结奋斗、努力拼搏"等体育精神。

（4）体育活动和体育竞赛。大学校园体育文化也表现在具体的体育活动和体育竞赛上。很多大学都会开展丰富多彩的体育活动，参加不同地区、国家或世界范围内的各种级别的大学生体育竞赛，这些活动与竞赛在提升大学生体育实践能力的同时，也提升了大学生宣传体育运动的意识。

第二节　运动与健康

健康是人独立开展各项社会活动的保证，也是人们对自我的普遍要求和追求。运动与健康有着密切的关系，人们参与体育运动的重要原因之一就是保持或恢复身体健康，如图 1-4 所示。

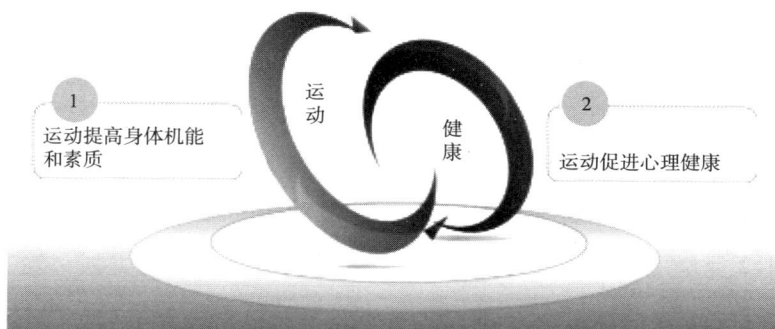

图1-4 运动与健康

一、健康的定义

每个人都会关注自身状态，而健康就是个体理想的身心状态。在一定的历史范畴内，健康与特定的社会、环境、经济、文化、伦理道德等密切相关。人们对健康内涵的认识随着历史的发展而不断演进和深化。

（1）古代传统健康观。在古代，由于生产力水平较低且缺乏科学理念，人们对生命活动的认识较低，对健康的认识局限于没有疾病、外伤和肢体完整，即所谓"无病、无伤、无残"。这种对健康的认识只强调了人体机能的正常运转。

（2）近代科学健康观。随着社会的发展和医学的进步，人们能够使用各种仪器检测、发现身体的生理变化，健康被视为"器官发育良好，体质健壮，体能充沛"。毋庸置疑，这种建立在生理基础上的生物医学模式是一种巨大的进步，但它忽视了人的心理因素和社会属性。

（3）现代全面健康观。20世纪30年代，美国健康教育学者指出："健康是人们身体、心情和精神方面都自觉良好、活力充沛的状态。"由于不良情绪、精神创伤、恶劣环境等导致的"现代病"越演越烈，1948年，世界卫生组织提出了新的健康概念：健康不单是没有疾病和不虚弱，而是躯体、精神的健康和社会幸福的完善状态。20世纪末，世界卫生组织又把道德修养纳入了健康的范畴。

由单一的生理健康观，到涵盖生理、心理、社会层面的三维健康观，再到包括躯体健康、心理健康、社会适应健康和道德健康的全面健康观，健康观不断变革。随着科技的发展，环境的改变，健康观也会被赋予新的内涵。世界卫生组织提出的 10 个健康标准如下。①精力充沛，能从容不迫地应对日常生活和工作的压力。②处世乐观，态度积极，乐于承担责任，事无巨细不挑剔。③善于休息，睡眠良好。④应变能力强，能适应环境的各种变化。⑤能抵抗一般性感冒和传染病。⑥体重得当，身材均匀，站立时头、肩、臂的位置协调。⑦眼睛明亮，反应敏锐，眼睑不发炎。⑧牙齿清洁、无龋洞、无痛感，牙龈颜色正常，不出血。⑨头发有光泽，无头屑。⑩肌肉、皮肤富有弹性，走路轻松有力。

二、运动与生理健康

生理健康是指人体生理功能上的健康状态，运动能够对人体各大系统、器官、组织产生直接刺激和影响，促进人体生理健康水平的整体提高。

1．运动有利于提高神经系统的机能

神经系统是由众多的神经细胞组成的庞大而复杂的信息网络，能够联络和调节机体的各系统和器官的功能，在人的机体功能调节系统中起着主导作用。研究表明，大脑耗氧量占全身耗氧量的 20% ~ 25%，长时间的脑力劳动会导致人因为供血不足和缺氧而头昏脑涨。进行运动，尤其是在新鲜的空气中开展运动，可以提升神经工作过程的强度、均衡性、灵活性和细胞的耐久力，使神经细胞获得更充足的能量物质和氧气的供应，保证神经系统在工作过程中获得充分的能量物质保证，从而改善大脑供血不足的情况，使大脑消除疲劳，恢复活力。

运动还可以改善神经系统的调节功能，提升其对复杂变化的判断和反应能力，使其能及时做出协调、准确和迅速的反应。经常参加运动能够加强神经系统兴奋和抑制的交替转移过程，从而改善大脑皮层神经系统的均衡性和准确性，提高脑细胞工作的灵活性、协调性、反应速度、耐受能力等，从而有效地节省体力，减少体能的消耗。

2．运动有利于改善血液循环系统的机能

血液循环系统是由心脏和血管（包括动脉、静脉和毛细血管）组成的遍布全身的管道系统，血液在这个封闭的管道系统里循环流动，为人体的各个组织细胞提供营养物质和氧气。

（1）经常参加运动可使心肌壁增厚，心肌力增强，心脏体积和容积增大，并减少每分钟的心跳次数。研究表明，运动员的心跳每分钟比一般人少 10 次，那么一天心脏就能少跳 14400 次，这就大大减轻心脏负担，使心脏得到更多休息。

（2）经常从事运动能促进心肌细胞内的蛋白质合成，促使心肌纤维增粗，心壁增厚，每搏输出量加大，使血液的数量增加并提高其质量。研究表明，在安静状态下，健康成人心脏的每搏输出量为 70mL，而经常运动者可达 90mL。

（3）运动可以增加血管壁的弹性，并促使大量毛细血管开放，大大加快能量供应，提高新陈代谢水平。

（4）运动可以显著降低血脂（胆固醇、b-蛋白质、三酰甘油等）含量、改善血脂质量，在遏制肥胖、健美形体的同时，能有效地防治冠心病、高血压和动脉粥样硬化等疾病。

（5）运动可以降低血压，舒缓心搏，预防心血管疾病。病理学家通过解剖发现，经常运动的人患动脉硬化的概率要远远低于不常运动的人。

（6）运动能使血液中红细胞偏低的人红细胞含量增加，增强血液对营养物质和氧气的运输能力。合理的运动可以增加血液中白细胞的数量、强化白细胞功能，特别是可以增加白细胞中具有重要作用的淋巴细胞的数量，这对于提高机体的预防疾病能力至关重要。运动还可以提高体内的免疫球蛋白水平，有效地提升机体抗病、防病的能力。

3．运动有利于增强运动系统的机能

运动系统由骨、骨连结和骨骼肌组成，用于支撑人的身体并保护各器官的系统运作。运动能够增强运动系统的准确性、协调性和灵活性，使人有条不紊、准确敏捷地完成各种复杂的动作。

（1）运动可使骨密质增厚，骨小梁排列更加规则整齐，促使青少年骨的长径生长速度加快，直径增大，能极大地增强骨的坚固性和抗弯、抗折、抗压能力。同时，运动可以促进骨骼中钙的储存，预防骨质疏松。

（2）运动可使肌肉的效能增强、体积和弹性增加。具体表现为肌纤维变粗、体积增大、弹性增加，肌肉力量、活动的能力和耐力相应提升。

（3）经常性的运动可以增强关节周围肌肉的力量和韧带的柔韧性，增加关节面软骨和骨密度的厚度，并可使关节周围的肌肉发达、力量增强、关节囊和韧带增厚，从而增加关节活动的幅度和牢固程度，减少各种外伤和关节损伤。

4．运动有利于提升呼吸系统的机能

呼吸系统由呼吸道（鼻、喉、气管和支气管）和肺组成，运动能够锻炼呼吸肌，增加肺活量和呼吸深度，提升人体呼吸系统的氧气吸收能力。

（1）运动中的一些伸展扩胸运动可使呼吸肌力量增强，胸围增大，增强呼吸功能。

（2）运动可以增加肺活量（人体尽全力吸气后再尽力呼出的气体总量）和肺通气量（每分钟尽力呼出或吸入肺内的气体总量）。运动能扩大胸廓，有利于肺组织的生长发育和肺的扩张，使肺活量增加，实验证实，经常参加运动的人，肺活量可增加1000mL左右，肺通气量可达100L/min以上，高于一般人。

（3）人体在进行运动时需要大量吸入氧气和排出二氧化碳，这就要求呼吸肌加强收缩，使肺泡充分张开，加大呼吸深度，从而有效地提高肺的通气效率。由于吸进的氧气多，呼吸肌有较长时间休息，人体能够承受更大强度的运动量。

14

5．运动有利于强健消化系统的功能

消化系统的功能就是消化食物，吸取营养物质，排出废物。人体必须不断地从外界摄取营养物质，满足新陈代谢的需要，才能维持生命活动。经常进行运动能促进胃肠蠕动，增加消化液分泌量，在提高食欲的同时增强吸收能力。

需要注意的是，运动越剧烈、持续时间越长，消化系统就需要越长的时间来进行恢复，如果饭后立即参加剧烈运动，就会影响胃肠机能，甚至可能因为胃肠的震动和肠系膜的牵扯而引起腹痛及不适感，进而影响人体的健康。所以，运动和吃饭之间要有一定的时间间隔，饭后不宜即刻进行运动，剧烈运动后不宜立即就餐。通常情况下，运动后至少需要休息 30 ~ 40min 再进食，或饭后间隔约 1.5h 再进行运动较为科学。

三、运动与心理健康

心理健康的标准包括情感适当、意志合理、智力正常、个性合宜等，运动对个体心理健康具有显著的促进作用。

1．运动能够舒缓情绪

情绪是衡量心理健康状况的重要指标。研究发现，从事慢跑、游泳、骑自行车等运动对于抑郁症、焦虑症、化学药品依赖者的治疗有积极的作用。

运动可以转移大脑皮质的兴奋中心，能对情绪起到积极调节作用；同时，运动能把人从压抑的情绪和苦闷的思想中解放出来，起到心理宣泄作用。参加运动时，人将产生各种各样的情感体验，从而提高个人情绪的适应性，使情绪向成熟发展。另外，运动可以增加人际交往，使人改变孤独、抑郁或自卑等心态，从而维护心理健康。

2．运动可以增强意志

意志品质包括自觉性、果断性、坚韧性、自制力及勇敢顽强的精神等。运动中充满了失败和挫折，大学生要积极主动、持之以恒地坚持运动，克服各种主、客观困难，这个过程既是锻炼身体的过程，又是培养良好意志品质的过程。参加运动强度大、竞争激烈的竞技运动更能够激励大学生奋发向上、顽强拼搏，养成坚强、自信、勇敢、进取的优秀品质。

3．运动可以开发智力

人在运动中表现出来的注意力、观察力、记忆力、想象力、思维力和分析判断能力等都是智力的组成部分。运动需要运用各种技术和战术，可以提升大脑各种潜在能力，以及思维能力和创造力，例如，一些运动中展示的高难度动作就是逻辑思维和创造性思维的体现。

4.运动可以培养个性

个性是一个人的兴趣爱好、意志能力和气质性格等各种心理特征的综合表现，良好的个性能使人具备创新开拓的进取精神和努力奋斗的竞争意识。运动可以为大学生制造一个广阔的空间领域，大学生不仅可以通过运动参加社交活动，提高对社会的适应性，还可以从运动中体验成功的喜悦，满足自我实现的需要，从而充分展示和发展自己的个性。

第三节　运动的医疗效用

过往的科学研究无不显示，合适的运动具有显著的医疗效用。运动可以促进少年、儿童健康水平的提高，降低成年人患慢性疾病的风险，使老年人维持较高的独立生活能力，降低跌倒和骨折的风险，预防老龄化相关疾病。

一、运动预防过度肥胖

过度肥胖症是由于体内脂肪过度堆积并引发以脂类代谢紊乱为主的代谢性疾病。发病初始阶段，患者仅有脂肪过多堆积的问题，随着时间的延长和脂肪堆积程度的加剧，将会出现代谢系统紊乱，并常伴有脂肪肝、心血管病等多种并发症。

预防肥胖的一个重要途径就是参与运动，通过运动消耗适当的热能，使能量的摄入与消耗处于平衡状态，控制脂肪的增加。

二、运动改善不良体姿

大部分不良体姿是由长期的不良生活习惯造成的，如颈部过度前屈、骨盆前倾等。不良体姿的形成是慢性的病变过程，早期症状不明显，越到后期病变速度越快，对身体产生的损伤越大。

通过合理的运动，刺激、拉伸、强化、放松对应的肌肉、肌腱即可有效改善不良体姿。例如，颈部过度前屈需要锻炼颈前屈肌、胸锁乳突肌、半棘肌、斜方肌上束部分、肩胛提肌、头夹肌、颈夹肌等。

三、运动辅助治疗慢性疾病

慢性疾病指长期积累而成、不具有传染性的疾病，是对起病隐匿、病程漫长、病因复杂、病情迁延不愈疾病的总称。常见的慢性病有心脑血管疾病、肿瘤、糖尿病、慢性阻塞性肺疾患、骨质疏松症、慢性肝肾疾病、慢性骨关节病等。

运动能改善和增强病变器官的功能，有助于病变器官的康复。如冠心病患者进行适当的锻炼，可以增加冠状动脉血流量、降低血脂浓度，从而大大改善心肌缺血缺氧的程度，有利于心脏功能的康复。同时，体育锻炼能全面增强全身各器官系统功能，用增强整体的方法来促进局部病变器官的改善及痊愈。此外，体育锻炼还能调节患者的情绪，使患者精神愉快，这在疾病治疗过程中是十分重要的因素。

四、运动促进身体功能恢复

伤病后进行适当的运动不仅能维持原有的身体机能，而且能有效促进伤病后身体功能的恢复。值得注意的是，伤病的治疗必须遵医嘱。

以肱骨干骨折为例，肱骨干骨折伤后1周内是炎症期，此时可在无疼痛的范围内轻微活动腕关节，做手指的屈伸运动，促进上肢的血液循环，消除水肿。第2~4周，可在无疼痛范围内，健侧辅助做肩关节的前屈后伸、外展内收以及肩关节的钟摆运动和肘关节的屈伸运动。第4~6周，应加大肩关节及肘关节各方向主动及辅助活动的幅度。第6周后可开始进行肱二头肌和肱三头肌等长锻炼。第7~12周，可进行肩关节、肘关节各个活动范围内的最大角度运动，运用弹力带对肩及肘部屈肌、伸肌进行抗阻力训练，以增强力量和耐力。

拓展训练

1. 身体素质测试

技术要点：力量、耐力、敏捷、柔韧度、心肺功能。

训练所需场地与设施：操场、必要的护具。

训练内容：深蹲（60s内不间断做）；靠墙静蹲（女生坚持50s，男生坚持70s）；俯卧撑（女生连续做6个，男生连续做20个）；平板支撑（女生坚持60s，男生坚持80s）；深蹲跳（女生连续不间断做30个，男生连续不间断做40个）；站姿体前屈（女生指尖触碰到脚尖，男生指尖触碰到脚踝位置）；慢跑（1000m）。

训练规则：按训练内容进行即可，注意测试的时候量力而行，平时运动量较少的同学尽量不要直接进行强度较高的训练，避免出现不适。

2. 健康程度自我评判

技术要点：健康的定义、体质健康评价。

训练所需场地与设施：有条件尽量使用体检仪器。

训练内容：根据健康的定义和体质健康评价的知识，采用相应的测试方法，对自己的健康程度进行自评。

训练规则：应保证测试方法科学、测试结果有效。

第二章
身体筛查与运动功能训练

学习目标

了解运动前的健康筛查的内容。

掌握功能动作筛查与测试的方法。

掌握运动功能训练的方法。

思政之窗

2022年9月30日，湖南省第十二届大学生运动会闭幕。经过激烈角逐，湘潭医卫职院学子曾玮琪获得女子铅球第一名、罗佳其获得女子100m栏第四名和女子400m栏第五名、陈宇圣夺得男子标枪第四名。另外，罗佳其获评"优秀运动员"称号，湘潭医卫职院教师刘怀志获评"优秀教练员"称号。

本届运动会设田径、游泳、篮球、足球、排球等11个竞赛项目，全省105所高校的669支代表队，共计1万余名大学生运动员参加比赛。

为了组织参加好本次比赛，湘潭医卫职院高度重视，医学基础与公共课部、各二级学院紧密配合，各项目指导老师及参赛学生克服时间紧、教学任务重、高温酷暑等因素，利用暑假及课余时间刻苦训练、科学施训。通过比赛，充分体现了该校"以体育人"的教学成果和不屈不挠、顽强拼搏的精神风采。

第一节　运动前的身体状况筛查

　　运动前进行身体状况筛查可以帮助大学生判断自己是否存在心血管疾病或其他疾病风险，使心血管疾病突发事件发生的可能性降到最低。

一、运动前的健康筛查

　　健康筛查是指通过医学检查来了解体育运动者的基本健康状况和运动情况，其目的是根据筛查对象的健康状况判断其能否进行体质测定和体育运动。大学生的健康筛查主要有两种方式，一种是医学检查，另一种是按照标准进行健康测试。下面介绍医学检查的主要内容。

　　1．近期检查

　　近期检查的时间为参加体育运动前两个月，其目的是检查运动者是否患病和是否具备承受运动负荷的能力。

　　2．潜在疾病检查

　　通过医生的问诊与技术检查，检查运动者是否患有贫血、甲状腺肿大、肝病或浮肿等病症。

　　3．临床检查

　　临床检查的目的是判定运动者是否能够进行体育运动，包括以下几个主要内容。

　　（1）血压。收缩压不超过 140mmHg，舒张压不超过 90mmHg。

　　（2）心电图。判断其心脏机能是否正常。

（3）尿检。检查运动者蛋白质和糖的指标是否呈阴性。

（4）胸部 X 光诊断。判断运动者有无肺炎、肺结核、胸膜炎等。

（5）血液检查。检查以判断运动者是否患有贫血，肝功能、心肌、肾和糖代谢等是否正常。

二、功能动作筛查与测试

功能动作筛查是由格雷·库克等设计的一种身体功能评价方法，是一种革新的动作模式评价系统，它简便易行，由 7 个动作构成，可以广泛用于各类人群的基本运动功能的评价。

功能动作筛查测试的测试内容主要有 7 个动作，即蹲、跨、弓箭步、伸、举以及躯干的前后倾和旋转。这 7 个动作的筛查，对于诊断人体主要运动环节中各个运动链功能性动作的质量，确定人体各运动环节中存在的运动性障碍或错误的动作模式有着重要帮助，能够为制订身体功能性训练计划提供参考依据。

大学生可以用简单的动作来进行自测。自测包含深蹲、过栏步、直线分腿蹲、肩部灵活性、主动抬腿、躯干稳定性俯卧撑和体旋稳定性 7 个动作，如图 2-1 所示。

| ① 深蹲 | ② 过栏步 | ③ 直线分腿蹲 | ④ 肩部灵活性 |
| ⑤ 主动抬腿 | ⑥ 躯干稳定性俯卧撑 | ⑦ 体旋稳定性 | |

图2-1 功能动作筛查动作

1．深蹲

深蹲用于测试髋关节、膝关节、踝关节的活动度和两边是否对称。举过头顶的横杆用于测试肩关节和脊柱两侧肌肉链的对称性。

运动者以双足间距稍宽于肩宽站立，同时双手以相同间距握杆（肘与杆的角度呈 90°），然后双臂伸直向上举过头顶，慢慢下蹲至膝盖后侧夹角小于 90° 并尽力保持双足后跟着地，保持头与躯干的自然曲度，保持杆在头顶以上，连续完成 3 次，记录测试分数。如若无法完成，则降低一档分数，在运动者的双足跟下各垫 5cm 厚的支撑物完成上述动作。

2．过栏步

过栏步用于测试髋关节、膝关节和踝关节两侧动力链的灵活性和稳定性。

运动者双足并拢并足趾处于栏架下方，调整栏架与运动者胫骨结节同高，双手握杆至于颈后肩上保持水平。运动者缓慢抬起一腿跨过栏杆，并以足跟触地，同时支撑腿保持直立，重心放在支撑腿上，并保持稳定；缓慢恢复到起始姿势，运动者连续完成 3 次，记录测试分数。随后换异侧腿重复上述动作，再次完成测试。

3．直线分腿蹲

直线分腿蹲用于测试踝关节和膝关节两边的活动度和稳定性。

运动者测量胫骨的长度，然后以右足踩在一块的测试板（150cm×13cm×5cm）的近端，在身体后方以右手在头后，左手在身后下方握住一根长杆，保持杆紧贴头后、胸椎和骶骨；从右足尖向前量取与胫骨相同的长度并标记，然后左足向前迈出一步以足跟着落处为标记，随后下蹲至后膝在前足跟后触板，并始终保持双足在同一直线上，连续完成 3 次，记录测试得分；随后双侧上下肢交换，再次完成测试。

4．肩部灵活性

肩部灵活性用于综合测试评价肩关节内旋、后伸及内收能力。

运动者站立位，双手握拳，一只手由下向上以手背贴后背部，沿脊柱尽力向上；另一手由上向下沿脊柱尽力滑动，记录两拳间最短距离；交换上下双手位置，重复测试，连续完成 3 次，记录每一次测试中两拳间最短距离。

5. 主动抬腿

主动抬腿用于评价腘绳肌与比目鱼肌的柔韧性、保持骨盆稳定性和异侧腿的主动伸展能力。

运动者身体平躺，双手置于身体两侧仰卧，掌心向上，双膝下横向放置测试板（150cm×13cm×5cm），踝关节背屈，膝关节伸直，竖杆垂直放在髋、膝关节中央位置；一条腿上抬同时保持异侧腿与测试板接触，随后换对侧腿完成测试，连续完成 3 次，记录测试得分。

6. 躯干稳定性俯卧撑

躯干稳定俯卧撑主要测试人体躯干的稳定性，同时直接评估上肢推举的力量。

运动者俯卧，双足尖并拢着地，双臂前伸距离稍宽于肩撑地；同时双膝关节尽力伸直，使双手拇指与前额上沿保持在一条直线（女性双手拇指与下颌边沿保持在一条直线），躯干保持自然伸直姿势；运动者上肢推地撑起使身体整体抬起，动作完成过程身体不可晃动，连续完成 3 次。如若无法完成，则降低一档分数，采用男性双手拇指与下颌边沿保持在一条直线（女性双手拇指与乳晕边沿保持在一条直线上）的动作，连续完成 3 次。

7. 体旋稳定性

体旋稳定性测试是评价受测人员神经肌肉协调能力，以及将动力链转换能力。

运动者开始时的动作是跪姿双手撑地，肩部和髋部相对于躯干呈 90°角，踝关节保持屈踝。在膝关节和手之间放置测试板（150cm×13cm×5cm），使膝、足、手与板接触。受试者上抬同侧的手臂和膝，所抬起的肘、手和膝部三点保持在一条线上并与测试板平行，身体的额状面应与地面保持平行；然后同侧的肩部和膝部屈缩，使肘部与膝关节能够接触，连续完成 3 次。如若无法完成，则降低一档分数，采用对侧手臂与膝上抬动作，连续完成 3 次。

第二节　运动功能训练

运动功能训练是现代、科学、系统的身体训练方法，大学生需要先掌握运动功能训练的方法，才能有效开展运动功能训练。

一、动作准备

动作准备是为了满足运动者对日常训练和比赛的特殊要求而准备的一套有效、系统和个性化的练习方法。目前，动作准备已经是预防运动损伤和提高竞技能力的必备训练手段之一。

动作准备强调通过动态的方式进行强度递增的动作练习，整合和强化运动者运动的基本动作模式和符合专项运动需求的动作模式，建立起神经肌肉系统之间的有效反馈，并且能提高动作的经济性，提升训练或比赛时的动作效率。

1. 臀肌激活动作

臀肌是人体所有肌肉中，力量最大的肌肉之一，是维持生活机能的重要肌肉。激活臀肌的动作主要有下蹲、箭步蹲起、侧弓步蹲起、屈髋蹲起、迷你带蹲起、膝外展、单脚支撑后伸，如图 2-2 所示。

下蹲　　　　箭步蹲起　　　侧弓步蹲起　　　屈髋蹲起

迷你带蹲起　　　膝外展　　　单脚支撑后伸

图2-2　臀肌激活动作

2．核心肌群激活动作

核心肌群指的是位于腹部前后环绕着身躯，负责保护脊椎稳定的重要肌肉群，包括腹横肌、骨盆底肌群以及下背肌这一区域。核心肌群主要是由腹直肌、腹斜肌、下背肌和竖脊肌等组成的肌肉群。核心肌群的锻炼是几乎进行所有体育运动的重点，一个人无论看起来有多么强壮，如果其核心肌群薄弱，那终究只是个空架子。常见的核心肌群激活动作有平板支撑、海鸥式、船式、腿旋转，如图2-3所示。

平板支撑　　　　海鸥式　　　　船式　　　　腿旋转

图2-3　核心肌群激活动作

3．上肢动态拉伸动作

上肢动态拉伸能够通过肢体快速或慢速的运动增加关节活动幅度，且

25

避免了牵张反射，易于控制，有助于提高准备活动时的身体温度，可以将多个关节活动整合到单个动作中，以节省时间。动态拉伸的整个过程中肌肉并不放松，而是积极进行拉伸活动。

上肢动态拉伸在训练中不仅能对运动者的韧带、肌肉的拉伸起到刺激作用，还能使运动者提高对身体的控制能力，能够有效增强运动者的本体感受，增加运动者的专项动作幅度，有效对身体易损伤部位进行拉伸。上肢动态拉伸能够有效拉升上肢带肌、上臂肌、前臂肌和手肌。常用的上肢动态拉伸动作有三角肌后束拉伸、肱三头肌拉伸、前后摆手，如图2-4所示。

三角肌后束拉伸　　肱三头肌拉伸　　前后摆手
图2-4　上肢动态拉伸动作

4．下肢动态拉伸动作

下肢动态拉伸能够有效拉伸盆带肌、大腿肌、小腿肌和足肌。常用的下肢动态拉伸方法有抬腿提踵、屈膝提踵、燕式平衡、弓步转身、弓步体前屈、前／后弓步拉伸，如图2-5所示。

抬腿提踵　屈膝提踵　燕式平衡　　弓步转身　　弓步体前屈　前／后弓步拉伸
图2-5　下肢动态拉伸动作

5.神经系统激活方法

神经系统激活可以使运动者在短时间内快速提高神经系统的兴奋性和兴奋在神经—肌肉之间的传导速度。常用的神经系统激活方法有原地双脚快速踏跳、双脚快速前后踏跳、双脚踏步左右踏跳。

二、发展力量

力量素质是指人的机体或机体的某一部分肌肉工作（收缩和舒张）时克服内外阻力的能力。运动者要发展力量，可以采取以下方法。

1.静力练习

静力练习又叫等长训练，是一种保持某一特定姿势对抗阻力的训练方法。肌肉的等长收缩，即肌肉在保持长度不变的条件下产生张力对抗阻力。静力练习方式包括以下三类。

（1）对抗性静力练习。根据发展某一部位肌肉的需要，确定一定的姿势，身体姿势保持不变，用极限力量对抗固定的物体。

（2）负重静力练习。根据发展某一部位肌肉的需要，确定一定的姿势，身体姿势保持不变，负一定重量进行练习。

（3）慢速力量练习。动作速度很慢，不借助反弹和惯性，靠肌肉的紧张收缩完成。

2.动力练习

动力练习是以肌肉收缩力克服和对抗外部阻力，使肌肉张力不变、长度改变、环节运动的力量训练方法。其训练方式包括以下三类。

（1）克制性力量训练。肌肉收缩力克服外部阻力（外力小于肌力），肌肉缩短。

（2）退让性力量训练。肌肉收缩力对抗外部阻力（外力大于肌力），肌肉被拉长。

（3）超等长力量训练。肌肉被拉长，利用牵张反射突然缩短，即先退让性后克制性力量训练。

3．发展上肢力量的方法

上肢力量训练主要是发展手腕、小臂（前臂）、大臂（上臂）、肩部等部位的肌肉力量。

发展上肢力量的方法主要有杠铃卧推、坐姿杠铃颈前推举、斜上举壶铃、俯卧上举壶铃、交替球上卧推、俯身臂屈伸、壶铃耸肩、平板哑铃卧推、体前哑铃推举（坐姿）、过头推举、屈臂向上过项推举、屈臂前上推、直臂前上举等。

4．发展下肢力量的方法

下肢力量训练主要是发展髋部（骨盆部）、腿部（大、小腿）、足部的肌肉力量。

发展下肢力量的方法主要有稳定性练习、非稳定性练习、弹力带前后分腿蹲／侧蹲、壶铃／哑铃半蹲／深蹲、壶铃／哑铃／杠铃前后分腿蹲／侧蹲等。

5．发展躯干支柱力量的方法

躯干支柱力量的锻炼主要包括稳定支撑的躯干支柱力量练习和非稳定支撑的躯干支柱力量练习。

稳定支撑的躯干支柱力量练习主要包括膝支撑俯桥、并腿俯桥、分腿俯桥、双臂交替撑俯桥、双脚交替支撑俯桥等。

非稳定支撑的躯干支柱力量练习主要包括上肢稳定的非稳定俯桥、下肢稳定的非稳定俯桥、重力球俯桥——单臂手撑、瑞士球俯桥——对侧收腿、瑞士球俯桥——旋转等。

三、发展能量代谢系统

能量代谢通常是指人体在物质代谢过程中所伴随的能量的释放、转移、储存和利用。大学生可以通过以下代谢方法来有效发展自己的能量代谢系统。

1.重复锻炼法

在体育锻炼的过程中，具体动作的重复次数不同，对身体的作用也不同，重复次数越多，身体的负荷量越大。因此，运用重复锻炼法进行体育锻炼的关键是视实际情况掌握好运动负荷，并据此调节重复锻炼的次数。

2.间歇锻炼法

间歇锻炼法的作用并不亚于运动本身，体质增强就是通过在间歇的休息过程中取得的超量恢复来实现的。但是，间歇不是静止休息，而是有微活动的休息，如慢走、伸腰压腿等，作用是利用肌肉对血管的按摩作用帮助血液流回心脏并加速排出代谢所产生的废物。

3.连续锻炼法

连续锻炼法能将运动负荷维持在一定的水平上，使身体充分锻炼并收获锻炼的益处。实践中，用于连续锻炼的体育项目包括跑步、游泳、健美操和体育舞蹈等。

4.循环锻炼法

循环锻炼法由几个不同的练习点组成，一个点的练习一经完成，运动者就迅速转移到下一个点。运动者完成所有点的练习，就算完成一次循环。这种方式负荷较小，既简单有趣，又可得到综合锻炼，达到全面发展的良好效果。例如，篮球练习可分为原地投篮、三步上篮和全场运球3个点，运动者可逐一完成。

5.变换锻炼法

变换锻炼法可以有效地调节人的生理负荷、提高兴奋性、克服疲劳和厌倦情绪，进而强化锻炼意向，以达到提高锻炼效果的目的。一方面，锻炼条件、环境的变化，可使人的大脑皮层不断地产生新的刺激，提高人的兴奋性、维持对锻炼的兴趣，从而提高身体对负荷的承受能力，提升锻炼效果；另一方面，变更锻炼内容、时间和动作速率可有效地调节身体的负荷能力，使身体不断产生适应性变化，达到更好地锻炼身体的目的。

拓展训练

1. 动作功能测试

技术要点：动作功能筛查与测试。

训练所需场地与设施：握杆、测试板。

训练内容：依次动作功能筛查与测试的 7 个动作来测试自己的运动功能，并记录测试结果。

训练规则：教师应提供必要的协助与保护。

2. 动作准备

技术要点：动作准备的方法和动作。

训练所需场地与设施：迷你带。

训练内容：根据所学知识，依次做臀肌激活动作、核心肌群激活动作、上肢动态拉伸动作、下肢动态拉伸动作、神经系统激活动作。

训练规则：注意防止运动损伤。

第三章
全生命周期的健康管理

学习目标

掌握"全生命周期"健康管理的概念。

了解健康管理概念内涵的要素与重点。

了解健康管理的基本步骤。

了解健康管理的服务流程。

了解有氧运动的方法与好处。

思政之窗

《"健康中国 2030"规划纲要》提出健康中国建设的目标和任务，强调要"把健康融入所有政策，加快转变健康领域发展方式，全方位、全周期维护和保障人民健康"。党的十九大进一步强调"实施健康中国战略""完善国民健康政策，为人民群众提供全方位全周期健康服务"。

第一节　全生命周期理念

一、全生命周期健康管理

"全生命周期"健康管理，是对个体或群体从胚胎到死亡全生命周期的健康，进行全面监测、分析评估、提供咨询和指导、对健康危险因素进行干预的全过程。推进"全生命周期"健康管理，有助于提升人民健康水平。

"全生命周期"健康管理包括健康信息采集、健康风险评估、健康计划制订和健康服务干预。

1.健康信息采集

医院、基层卫生机构可通过调查、健康体检、周期性健康检查等方法，收集个人和群体在生活环境、专业特点、个人行为等方面可能存在的健康危险因素，并建立全流程的、完整的健康档案。

2.健康风险评估

医院、基层卫生机构根据收集的个人和单位的健康信息，对个体或群体的健康状况进行专业的量化评估，发现疾病、损伤发生的可能性和规律，提出预防疾病、恢复健康的指导意见。

3.健康计划制订

制订健康计划，实施健康指导。医疗卫生机构根据健康档案数据，预估个人可能存在的疾病危险因素，制订改善个人健康的行动计划，实施个性化的健康指导。个性化的健康管理计划应根据人群的年龄、生活习惯，制订综合体检方案、综合保健方案、健康教育处方、饮食及运动处方等。

4.健康服务干预

健康服务干预是指对影响健康的不良行为、不良生活习惯等危险因素以及导致的不良健康状态进行综合处置的医学服务措施和手段，包括健康咨询与健康教育、营养与运动干预、心理与精神干预、健康风险控制与管理以及就医指导等。根据干预对象划分，健康干预的形式可以分为个体干预和群体干预；根据干预手段划分，干预形式可以分为生活方式干预、行为干预、心理干预、药物干预和非药物干预（功能医学干预治疗手段，如脉冲磁微循环治疗等均属于非药物干预）。

健康管理的宗旨是调动个体和群体及整个社会的积极性，有效利用有限资源达到最大的健康效果。对百姓来说，推进"全生命周期"健康管理主要是将大众纳入健康管理体系，全面监测、全程干预，指导大众的生活饮食习惯、运动健康规划、形体管理、营养调节、预防疾病，帮助大家养成个人健康习惯、提升健康指标。

二、寿命与健康寿命

1.寿命

寿命是指从出生经过发育、成长、成熟、老化以至死亡前机体生存的时间，通常以年龄作为衡量寿命长短的尺度。世界卫生组织发布全球人均寿命健康报告如下：

2015年全球人均寿命为71.4岁。

日本的人均寿命全球最高，为83.7岁。

中国的人均寿命为77.3岁（2019年）。

北京的人均寿命为82.3岁（2019年）。

2.健康寿命

健康寿命是指人体健康状况和对外界的适应能力。体质是人体的综合质量。它是人的有机体在遗传变异和后天获得性的基础上所表现出来的机能和形态上相对稳定的特征。健康寿命是指人们能够维持良好日常生活功能的年限，它是以丧失日常生活能力为终点。表3-1为北京市疾控中心发布的寿命与健康寿命调查结果。

表3-1　寿命与健康寿命调查表　　　　　单位：岁

性别	年龄	寿命	健康寿命	疾病/残疾状态
男	18	62.2	43.4	18.8
女	18	66.5	38.1	26.4

未老先病（患慢性病）的现象正从工业发达国家第一世界迅速向第二、三世界国家蔓延。据统计，美国现有37%的成年人患有心血管疾病、34%的人患有高血压、11%的人患有糖尿病；中国现有20%的成年人患有心血管疾病、25.2%的人患有高血压、9.7%的人患有糖尿病。如图3-1所示为慢性病占有比例。

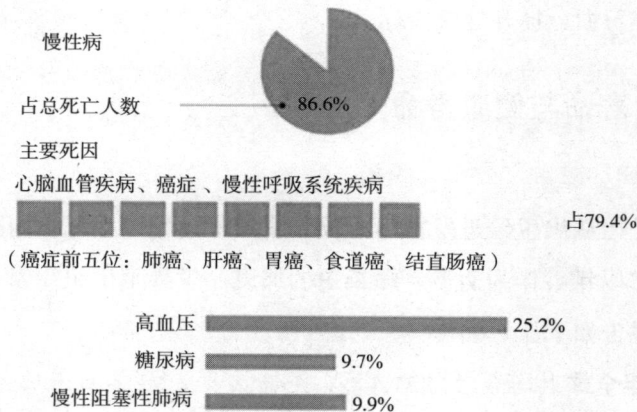

图3-1　慢性病占有比例

慢性病的发病时间平均年龄在55岁左右，即有很大一部分人的黄昏岁月（平均20年左右）是与慢性病紧密共度的。

第二节 健康管理

一、概述

（一）健康管理的概念

健康管理的发展与社会文明进步息息相关，经济和社会的进步使医疗服务技术高速发展，人类的寿命不断延长。慢性病人数的剧增，严重的人口老龄化问题对医疗卫生行业提出了更高的要求，人们对健康的需求意愿比以往任何时期都要强烈。传统的以疾病为中心的诊治模式（生物医学模式）应对不了新的挑战，于是，以个体和群体、社会支持的健康为中心的管理模式（生物—心理—社会医学模式）在健康需求的呼唤下孕育而生。

健康管理在 20 世纪 80 年代从美国兴起，随后英国、德国、法国和日本等发达国家也积极效仿和实施健康管理。健康管理研究与服务内容也由最初单一的健康体检与生活方式指导，发展到目前的国家或国际组织全民健康促进战略规划的制订、个体或群体全面健康检测、健康风险评估与控制管理。进入 21 世纪后，健康管理开始在我国逐步兴起与发展。

健康管理虽然在国际上出现已有四十年，但目前还没有一个公认和统一的定义、概念及内涵表述。健康管理学在国际上还没有形成完整的学科体系，各国研究的重点领域及方向也不尽相同。目前，对健康管理的含义，存在着不同视角的理解，如从公共卫生角度认为：健康管理就是找出健康的危险因素，然后进行连续监测和有效控制；从预防保健角度认为：健康管理就是通过体检早期发现疾病，并做到早诊断及早治疗；从健康体检角度认为：健康管理是健康体检的延伸与扩展，健康体检加检后服务就等于健康管理；从疾病管理角度认为：健康管理说到底就是更加积极主动地筛查与及时诊治疾病。

2009年，中华医学会健康管理学分会组织全国健康管理学界的专家，共同编写颁布了《健康管理概念与学科体系的中国专家初步共识》（以下简称《共识》），本书沿用《共识》这一概念。健康管理是以现代健康概念（生理、心理和社会适应能力）和新的医学模式（生理—心理—社会）以及中医治未病为指导，通过采用现代医学和现代管理学的理论技术、方法和手段，对个体或群体整体健康状况及其影响健康的危险因素进行全面检测、评估、有效干预与连续跟踪服务的医学行为及过程。其目的是以最小投入获取最大的健康效益。

健康管理是在健康管理医学理论指导下的医学服务。健康管理的宗旨是有效地利用有限的资源来达到最大的健康效果，其主体是经过系统医学教育或培训并取得相应资质的医务工作者，客体是健康人群、亚健康人群（亚临床人群），以及慢性非传染性疾病早期或康复期人群。健康管理的具体做法是提供有针对性的科学健康信息，创造条件采取行动来改善健康，重点是慢性非传染性疾病的预防和风险因素控制。健康管理服务的两大支撑点是信息技术和金融保险。健康管理的公众理念是"病前主动防，病后科学管，跟踪服务不间断"。健康管理的任务是防大病、管慢病、促健康。

（二）健康管理的目标与特点

按照以上健康管理的概念，健康管理的目标包括：

（1）完善健康和福利。

（2）减少健康危险因素。

（3）预防高危人群患病。

（4）易患疾病的早期诊断。

（5）增加临床效用、效率。

（6）避免可预防的疾病相关并发症的发生。

（7）消除或减少无效或不必要的医疗服务。

（8）对疾病结局作出度量并提供持续的评估和改进。

健康管理的目标和健康的定义是密切相关的。1948 年世界卫生组织（World Health Organization，WHO）宪章中首次提出三维的健康概念："健康不仅仅是没有疾病和虚弱，而是一种身体、心理和社会的完好（Well Being）状态"。1978 年，WHO 又在召开的国际卫生保健大会上通过的《阿拉木图宣言》中重申了健康概念的内涵，指出"健康不仅是没有疾病和痛苦，而是包括身体、心理和社会功能各方面的完好状态"。在《渥太华宪章》中提出："良好的健康是社会、经济和个人发展的重要资源"。1984 年，在《保健大宪章》中进一步将健康概念表述为："健康不仅仅是没有疾病和虚弱，而是包括身体、心理和社会适应能力的完好状态"。1989 年，WHO 又进一步完善了健康概念，指出健康应是"生理、心理社会适应和道德方面的良好状态"。

与健康管理相关的另一个概念就是管理。管理可分为五项职能：计划、组织、领导、协调、控制，这是一直被沿用至今的管理经典定义之一。管理的目的是使有限的资源得到最大化的利用，即以最小的投入获得最大的效用。健康服务领域中的管理可看作是以改善个人和人群健康状态以达到最大健康效益的过程。

健康管理的特点是标准化、足量化、个体化和系统化。健康管理的具体服务内容和工作流程必须依据循证医学和循证公共卫生的标准和学术界已经公认的预防和控制指南及规范。健康评估和风险干预的结果既要针对个体和群体的特征和健康需求，又要注重服务的可重复性和有效性，强调多平台合作提供服务。

（三）健康管理的理论与实践溯源

健康管理思想早已有之，即祖国传统医学的治未病。治未病思想源自距今已有两千余年历史的中医学典籍《黄帝内经》。《素问·四气调神大论篇》指出："圣人不治已病治未病，不治已乱治未乱，此之谓也。夫病已成而后药之，乱已成而后治之，譬如渴而穿井，斗而铸锥，不亦晚乎？"医术高明的医生能在病情潜伏之时掌握病情并早期治疗，若病患已经发生才给予治疗，就如同口渴了才挖井取水，临到打仗才铸造兵器，为时已晚。这段文字是现有可考记载中对治未病思想的最早概括。

战国时期名医扁鹊，医术高超，魏文王曾求教于扁鹊："你们家兄弟三人，都精于医术，谁是医术最好的呢？"扁鹊说："大哥最好，二哥差些，我是三人中最差的一个。大哥治病于病情发作之前（上工治未病），那时候病人自己还不觉得有病，但大哥就下药铲除了病根；二哥治病于病情初起之时（中工治欲病），症状尚不十分明显，病人也没有觉得痛苦，二哥就能药到病除；我治病于病情十分严重之时（下工治已病），病人痛苦万分，病人家属心急如焚。此时，他们看到我在经脉上穿刺，用针放血，或在患处敷以毒药以毒攻毒，或动大手术直指病灶，使重病人病情得到缓解或很快治愈，所以我名闻天下。"魏王大悟。这种"上医治未病"的思想可谓古人对健康管理最精辟和朴素的概括，被认为是健康管理的理论与实践源头。

治未病思想作为祖国传统医学文化的重要组成部分，一直传承到今天。治未病与健康管理思想殊途同归，由此入手，发挥治未病思想在现代健康管理中的引领作用，以治未病理念推进健康管理的发展，是祖国传统医学与现代西方医学相结合的典范，体现了人类对真理的探索和追求，跨越时空，超越民族。

（四）健康管理的科学基础

健康管理的科学性建立在慢性病的两个特点上。首先，健康和疾病的动态平衡关系及疾病的发生、发展过程及干预策略是健康管理的科学基础之一（图3-2）。个体从健康到疾病要经历一个完整的发生和发展过程。这个过程一般从处于低危险状态到高危险状态，再到发生早期改变，最后出现临床症状。疾病被诊断之前的阶段，若为急性传染病，这个过程可以很短；若为慢性病，则过程通常较长，往往需要几年甚至十几年，乃至几十年的时间。期间的健康状况变化多数不被轻易地察觉，各阶段之间也并无界线。在被确诊为疾病之前进行有针对性的干预，有可能成功地阻断、延缓甚至逆转疾病的发生和发展，从而实现维护健康的目的。其次，慢性病的危险因素中，大部分属于可改变因素，这为健康风险的控制提供了第二个重要的科学基础。世界卫生组织指出，高血压、高血脂、超重及肥胖、缺乏身体活动、蔬菜和水果摄入量不足以及吸烟，都是引起慢性病的重要危险因素。这些危险因素导致的慢性病目前难以治愈，但其危险因素本身却是可以预防和控制的。因此，健康管理即是要对这类危险因素进行早期发现、早期评估和早期干预，以实现维护健康的目的。

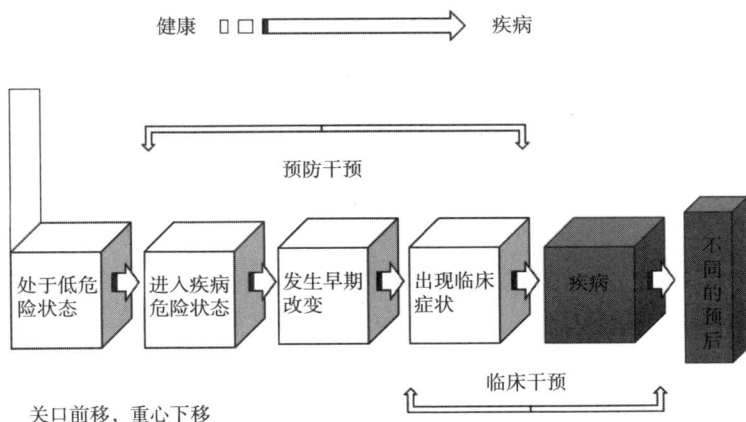

图3-2　疾病的发生、发展过程及干预策略

（五）健康管理的基本步骤

一般来说，健康管理有以下三个基本步骤：

第一步：了解和掌握健康状况，开展健康信息收集和健康检查。个人

39

健康信息包括个人一般情况（性别、年龄等）、目前健康状况和疾病家族史、生活方式（膳食、身体活动、吸烟、饮酒等）、体格检查（身高、体重、血压等）和血、尿实验室检查（血脂、血糖等）。

第二步：关心和评价健康状况，开展健康风险评价和健康评估。根据所收集的个人健康信息，对个人的健康状况及未来患病或死亡的危险性用数学模型进行量化评估。其主要目的是帮助个体综合认识健康风险，鼓励和帮助人们纠正不健康的行为和习惯，制订个性化的健康干预措施并对其效果进行评估。在健康风险评估的基础上，为个体和群体制订健康计划。个性化的健康管理计划是鉴别及有效控制个体健康危险因素的关键。以那些可改变或可控制的指标为重点，提出健康改善的目标，提供行动指南以及相关的健康改善模块。个性化的健康管理计划不但为个体提供了预防性干预的行动原则，也为健康管理师和个体之间的沟通提供了一个有效的工具。

第三步：干预和促进健康状况，开展健康风险干预和健康促进。在前两步的基础上，以多种形式来帮助个人采取行动、纠正不良的生活方式和习惯，控制健康危险因素，实现个人健康管理计划的目标。与一般健康教育和健康促进不同的是，健康管理过程中的健康干预是个性化的，即根据个体的健康危险因素，由健康管理师进行个体指导，设定个体目标，并动态追踪效果。如健康体重管理、糖尿病管理等，通过个人健康管理日记、参加专项健康维护课程及跟踪随访措施来达到健康改善效果。一位糖尿病高危个体，除血糖偏高外，还有超重和吸烟等危险因素，因此除了控制血糖外，健康管理师对个体的指导还应包括减轻体重（膳食、身体活动）和戒烟等内容。

应该强调的是，健康管理是一个长期连续、周而复始、螺旋上升的全人全程全方位健康服务过程，即在实施健康干预措施一定时间后，需要评价效果、调整计划和干预措施。只有形成闭环，才能达到健康管理的预期效果。健康管理有四部曲：落实到健康管理的操作流程，健康体检是前提，健康风险评估是手段，健康干预是关键，健康促进是目的。

（六）健康管理的服务流程

一般来说，健康管理的常用服务流程由以下五个部分组成：

1.健康调查与健康体检

健康调查是通过问卷或访谈，了解个人的一般情况，既往病史、家族史以及生活方式，习惯等。健康体检或健康检查是用于个体和群体健康状况评价与疾病风险预测、预警及早期筛查的一种方法与过程。健康体检是开展健康管理的前提和基本手段。检查的结果对后期的健康干预活动具有明确的指导意义。健康管理体检项目可以根据个人的年龄、性别、工作特点等进行调整。

2.健康评估

健康评估是指对所收集到的个体、群体健康或疾病相关信息进行系统、综合连续的科学分析与评价过程，其目的是为诊治疾病、维护、促进和改善健康，管理和控制健康风险提供科学依据。

3.个人健康咨询

在完成上述步骤后，个人可以得到不同层次的健康咨询服务。个人可以去健康管理服务中心接受咨询，也可以由健康管理师通过电话与个人进行沟通。内容可以包括以下几方面：解释个人健康信息及健康评估结果及其对健康的影响，制订个人健康管理计划，提供健康指导，制订随访跟踪计划等。

4.个人健康管理后续服务

个人健康管理后续服务的内容主要取决于被服务者（人群）的情况以及资源的多少，可根据个人及人群的需求提供不同的服务。后续服务的形式可以是通过互联网查询个人健康信息和接受健康指导，定期寄送健康管理资讯和健康提示，以及提供个性化的健康改善行动计划。监督随访是后续服务的一个常用手段。随访的主要内容是检查健康管理计划的实现状况，并检查（必要时测量）主要危险因素的变化情况。健康教育也是后续服务的重要措施，在营养改善、生活方式改变与疾病控制方面有很好的效果。

5.专项的健康及疾病管理服务

除了常规的健康管理服务外，还可根据具体情况为个体和群体提供专项的健康管理服务。这些服务的设计通常会按病人及健康人来划分。对已患有慢性病的个体，可选择针对特定疾病或疾病危险因素的服务，如糖尿病管理、心血管疾病及相关危险因素管理、精神压力缓解、戒烟运动、营养及膳食咨询等。对没有慢性病的个体，可选择的服务也很多，如个人健康教育、生活方式改善咨询、疾病高危人群的教育及维护项目等。

（七）提供健康管理服务的机构

由于人群的健康需求的广泛性，任何有能力进行健康管理项目开发及服务的机构都应该是健康管理服务的提供者。医院、健康服务机构、社区以及工作场所均可在不同的层面及深度上来开展健康管理。另外，政府也是一个广义上的健康管理机构，它通过政策立法来影响人们的消费行为及人群健康风险控制的策略。政府鼓励人们每天都吃足够的蔬菜和水果，但要想真正地对个人的行为习惯造成影响，还需要有其他的运作层面上的配合。商业服务机构，如体检中心、医院以及保险机构的介入会提高个人参与的积极性，使健康管理服务能达到可持续发展的目的。

企业也会通过自主或服务外包的方式来开展健康管理。企业通常从生产力及企业形象的角度来决定是否实施健康管理的决策。如一个企业关心员工的吸烟状况，它就可以把禁止吸烟当作公司录用的前提，并且还能对不吸烟的员工提供一些健康奖励。企业也可实施其他生活方式的管理，如根据员工的需求，企业会同一些健康服务单位或独立的健康管理公司签约，让它们为自己的员工提供针对性的健康服务，以达到提高生产力及控制医疗保健开支的目的。

　　健康保险公司及一些医疗保健机构也可开展健康管理服务，通过将需求管理与疾病管理计划和健康保险相结合，为参加者提供包括自我管理在内的健康管理项目和预先设定的医疗保健服务。

二、健康管理的基本策略

　　健康管理的基本策略是通过健康评估和控制健康风险，达到维护健康的目的。健康信息收集、健康风险评估和健康危险干预三部分中前两者旨在提供有针对性的个性化健康信息来调动个体降低自身健康风险的积极性，而健康危险干预则是根据循证医学的研究结果指导个体维护自己的健康，降低已经存在的健康风险。研究发现，冠心病、脑卒中、糖尿病、肿瘤及慢性呼吸系统疾病等常见慢性非传染性疾病都与吸烟、饮酒、不健康饮食、缺少身体活动等几种健康危险因素有关。慢性病往往是"一因多果、一果多因、多因多果、互为因果"。各种危险因素之间及与慢性病之间的内在关系已基本明确（图3-3）。慢性病的发生、发展一般有从正常健康人→低危人群→高危人群（亚临床状态）→疾病→并发症的自然规律。从任何一个阶段实施干预，都将产生明显的健康效果，干预越早，效果越好。

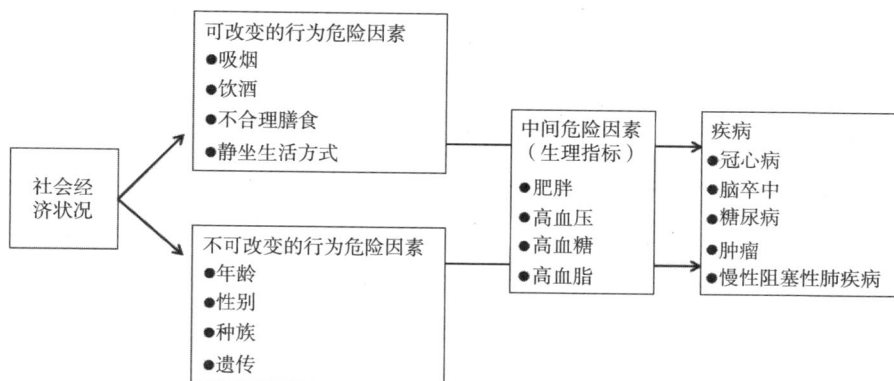

图3-3　常见慢性病及其共同危险因素之间的内在关系

　　健康管理的基本策略有以下六种，它们是生活方式管理、需求管理、疾病管理、灾难性病伤管理、残疾管理和综合的群体健康管理。现分述如下：

（一）生活方式管理

生活方式与人们的健康和疾病息息相关。国内外关于生活方式影响或改变人们健康状况的研究已有很多。研究发现，即使对于那些正在服用降压和降胆固醇药物的男性来说，健康的生活方式都能明显降低他们患心脏疾病的风险。

1.生活方式管理的概念

从健康服务的角度来说，生活方式管理是指以个人或自我为核心的卫生保健活动。该定义强调个人选择行为方式的重要性，因为后者直接影响人们的健康。生活方式管理通过健康促进技术，如行为纠正和健康教育，来保护人们远离不良行为，减少危险因素对健康的损害，预防疾病，改善健康。与危害的严重性相对应，膳食、身体活动、吸烟、适度饮酒、精神压力等是目前对国人进行生活方式管理的重点。

2.生活方式管理的特点

（1）以个体为中心，强调个体的健康责任和作用。选择什么样的生活方式属于个人的意愿或行为。健康管理师可以告知人们什么样的生活方式是有利于健康的，比如不应吸烟，不应挑食、偏食等；健康管理师也可以通过多种方法和渠道帮助人们做出决策，比如提供条件供大家进行健康生活方式的体验，指导人们掌握改善生活方式的技巧等，但这一切都不能替代个人做出选择何种生活方式的决策。

（2）以预防为主，有效整合三级预防。生活方式管理在疾病预防中占有重要地位。预防的含义不仅仅是预防疾病的发生，还在于逆转或延缓疾病的发展历程。因此，对于旨在控制健康危险因素，将疾病控制在尚未发生之时的一级预防，通过早发现、早诊断、早治疗而防止或减缓疾病发展的二级预防，以及防止伤残，促进功能恢复，提高生存质量，延长寿命，降低病死率的三级预防来说，生活方式管理都很重要。针对个体和群体的特点，有效整合三级预防，是生活方式管理的真谛。

3.健康行为改变的技术

生活方式管理是其他健康管理策略的基础。生活方式的干预技术在生活方式管理中举足轻重。在实践中，四种主要技术常用于促进人们改变生活方式。

（1）教育。传递知识，确立态度，改变行为。

（2）激励。通过正面强化、反面强化、反馈促进惩罚等措施进行行为矫正。

（3）训练。通过一系列参与式训练与体验，培训个体掌握行为矫正的技术。

（4）营销。利用社会营销的技术推广健康行为，营造健康的大环境，促进个体改变不健康的行为。

在实际应用中，生活方式管理可以多种不同的形式出现，也可融入到健康管理的其他策略中。例如，生活方式管理可以纳入疾病管理项目中，用于减少疾病的发生率，或降低疾病的损害；可以在需求管理项目中出现，帮助人们更好地选择食物，提醒人们进行预防性的医学检查等。不管应用了什么样的方法和技术，生活方式管理的目的都是相同的，即通过选择健康的生活方式，降少疾病的危险因素，预防疾病或伤害的发生。

（二）需求管理

1.需求管理的概念

健康管理所采用的另一个常用策略是需求管理。需求管理策略理念是如果人们在和自己有关的医疗保健决策中扮演积极作用，服务效果会更好。需求管理实质上是通过帮助健康消费者维护自身健康和寻求恰当的健康服务，控制医疗成本，促进健康服务的合理利用。需求管理的目标是减少昂贵的、临床并非必需的医疗服务，同时改善人群的健康状况。需求管理常用的手段包括寻找手术的替代疗法、帮助病人减少特定的危险因素并采纳健康的生活方式、鼓励自我保健和干预等。

2.影响需求的主要因素

四种因素影响人们的健康服务消费需求：

（1）患病率。患病率可以影响健康服务需求，因为它反映了人群中疾病的发生水平。

（2）感知到的需要。个人感知到的健康服务需要是影响服务利用的最重要的因素。有很多因素影响着人们感知到的需要，主要包括个人关于疾病危险和卫生服务益处的知识、个人感知到的推荐疗法的疗效、个人评估疾病问题的能力、个人感知到的疾病的严重性、个人独立处理疾病问题的能力，以及个人对自己处理好疾病问题的信心等。

（3）消费者选择偏好。消费者选择偏好的概念强调个人在决定其健康干预措施时的重要作用。医生和健康管理师的职责是帮个人了解这种治疗的益处和风险。

（4）健康因素以外的动机。事实表明，一些健康因素以外的因素，如个人请病假的能力、残疾补贴、疾病补助等都能影响人们寻求医疗保健的决定。

3. 需求管理的主要工具与实施策略

需求管理通常通过一系列的服务手段和工具，去影响和指导人们的卫生保健需求。常见的方法有：24 小时电话就诊和健康咨询、转诊服务、基于互联网的卫生信息数据库、健康课堂、服务预约等。有的时候，需求管理还会以"守门人"的形象出现在疾病管理项目中。

（三）疾病管理

疾病管理是健康管理的又一主要策略。美国疾病管理协会（Disease Mamagement Association of America，DMAA）对疾病管理的定义是："疾病管理是一个协调医疗保健干预和与病人沟通的系统，它强调病人自我保健的重要性。疾病管理支撑医患关系和保健计划，强调运用循证医学和增强个人能力的策略来预防疾病的恶化，它以持续性地改善个体或群体健康为基准来评估临床、人文和经济方面的效果。"该协会进一步表示，疾病管理必须包含"人群识别循证医学的指导、医生与服务提供者协调运作、病人自我管理教育、过程与结果的预测和管理，以及定期的报告和反馈"。由此可以看出，疾病管理具有三个主要特点：

（1）目标人群是患有特定疾病的个体。如糖尿病管理项目的管理对象为已诊断患有 1 型或 2 型糖尿病病人。

（2）不以单个病例和单次就诊事件为中心，而关注个体或群体连续性的健康状况与生活质量，这也是疾病管理与传统的单个病例管理的区别。

（3）医疗卫生服务及干预措施的综合协调至关重要。疾病本身使疾病管理关注健康状况的持续性改善过程，而大多数国家卫生服务系统的多样性与复杂性，使协调来自多个服务提供者的医疗卫生服务与干预措施的一致性与有效性特别艰难。然而，正因为协调困难，也显示了疾病管理协调的重要性。

（四）灾难性病伤管理

灾难性病伤管理是疾病管理的一个特殊类型，顾名思义，它关注的是"灾难性"的疾病或伤害。这里的"灾难性"是指对健康的危害十分严重，也可指其造成的医疗卫生花费巨大，常见于肿瘤、肾衰竭、严重外伤等情形。灾难性病伤所具有的一些特点，如发生率低，需要长期复杂的医疗卫生服务，服务的可及性受家庭经济、保险等各方面的影响较大等，决定了灾难性病伤管理的复杂性和艰难性。

一般来说，优秀的灾难性病伤管理项目具有以下特征：

（1）转诊及时。

（2）综合考虑各方面因素，制订出适宜的医疗服务计划。

（3）具备一支包含多种医学专科及综合业务能力的服务队伍，能够有效应对可能出现的多种医疗服务需要。

（4）最大程度地帮助病人进行自我管理。

（5）尽可能使患者及其家人满意。

（五）残疾管理

残疾管理的目的是减少工作地点发生残疾事故的频率和费用。从雇主的角度出发，根据伤残程度分别处理，希望尽量减少因残疾造成的劳动和生活能力下降。对于雇主来说，残疾的真正代价包括失去生产力所造成的损失。生产力损失的计算是以全部替代职员的所有花费来估算的，必须用这些职工替代那些由于残疾而缺勤的员工。

造成残疾时间长短不同的原因包括医学因素和非医学因素。

1. 医学因素

（1）疾病或损伤的严重程度。

（2）个人选择的治疗方案。

（3）康复过程。

（4）疾病或损伤的发现和治疗时期（早、中、晚）。

（5）接受有效治疗的容易程度。

（6）药物治疗还是手术治疗。

（7）年龄影响治愈和康复需要的时间，也影响返回工作的可能性（年龄大的时间更长）。

（8）并发症的存在，依赖于疾病或损伤的性质。

（9）药物效应，特别是副作用（如镇静）。

2. 非医学因素

（1）社会心理问题。

（2）职业因素。

（3）伤残者与同事、主管之间的关系。

（4）工作压力。

（5）工作任务的不满意程度。

（6）工作政策和程序。

（7）及时报告和管理受伤、事故、旷工和残疾的情况。

（8）诉讼。

（9）心理因素包括压抑和焦虑。

（10）信息通道流畅性。

因此，残疾管理的具体目标包括：

（1）防止残疾恶化。

（2）注重功能性能力。

（3）设定实际康复和返工的期望值。

（4）详细说明限制事项和可行事项。

（5）评估医学和社会心理学因素。

（6）与病人和雇主进行有效沟通。

（7）有需要时要考虑复职情况。

（8）实行循环管理。

（六）综合的人群健康管理

综合的人群健康管理通过协调上述不同的健康管理策略来对个体提供更为全面的健康管理。人群健康管理成功的关键在于系统性收集健康状况、健康风险、疾病严重程度等方面的信息，以及评估这些信息和临床及经济结局的关联以确定健康伤残、疾病、并发症、返回工作岗位或恢复正常功能的可能性（图3-4）。

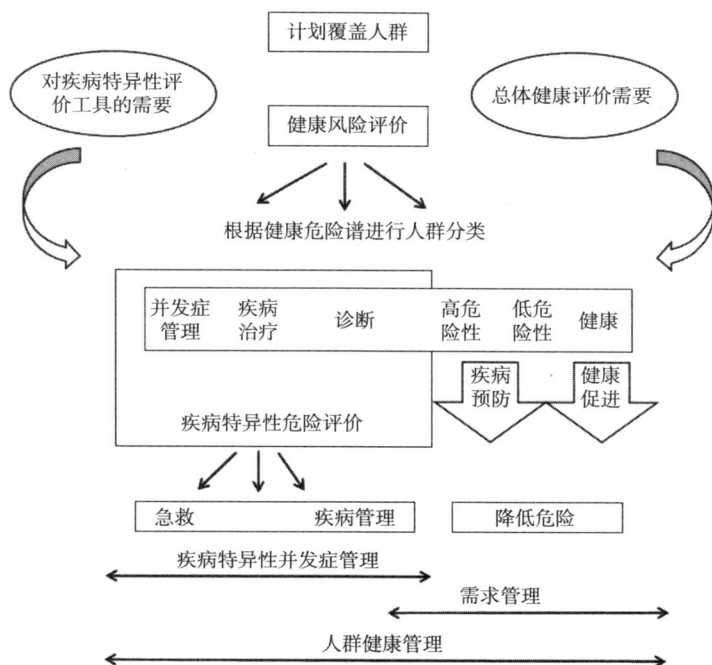

图3-4 从疾病管理过渡到人群健康管理

三、健康管理的发展趋势

（一）健康管理的国际发展趋势

20 世纪 70 年代末，一项名为健康美国人（Healthy People）的全民健康行动开始开展，该行动有三大目标：预防疾病、拯救生命；提高人民生活质量；坚持健康促进与疾病预防用以节约开支。这时，健康管理逐渐得到美国民众的认可。减少健康造成的损失，降低卫生费用，提高劳动力健康水平，是美国健康管理产生的主要原因。时至今日，随着互联网、物联网的应用，健康管理更多地依托网络来实现大数据的集合与挖掘，用户健康数据的开发也更加完备。一些针对患病人群或健康人群的健康管理项目开始开展，美国政府也会为老年人、残障人士、低收人群体等提供健康管理服务。这些项目的制订和实施，使居民获得科学的健康管理知识与技能，提高了自身健康水平；开展健康管理的企业，其员工因患病而产生的企业效益降低和卫生支出增加等情况得到遏制，并且减少了美国政府在医疗保健和医疗救助上的支出，一定程度上缓解了政府因巨额医疗费用所承担的压力。

日本是亚洲地区开展健康管理较早的国家。1959 年，日本八千穗村率先开展健康管理行动，通过建立人手一本的健康手册，为村民提供一年一次的体检，并要求将居民健康信息详细记录在手册上，这对降低潜在疾病发病率，形成良好生活方式大有益处。2000 年，日本厚生省推出了"健康本世纪"计划，从营养与饮食、身体锻炼、吸烟、酒精及糖尿病、心脑血管疾病等九个方面提出了 70 项具体目标，指导民众更好地开展自我健康管理。2006 年，日本通过法律形式保障居民的健康管理服务有效实施，法案对于健康管理的干预方案、评估方法等细节均作了逐一说明。日本民众必须参加体检，经过体检评估存在疾病或患病风险的居民，由厚生省认定的机构制订严格的干预计划，初始干预和 6 个月后的生理指标、行为改变结果等评估都必须由医生、公共卫生护士、注册营养师及厚生省认定的机构执行。可见，日本详细的法律条款，严格的干预制度形成了其独特的健康管理服务模式。

（二）健康管理在中国的需求现状

1. 慢性病成为威胁我国居民健康的主要因素

（1）疾病谱、死亡谱的改变导致慢性病患病率显著攀升。20世纪60年代以前，危害人类健康的疾病主要是病毒、细菌和传染病，如天花、霍乱、鼠疫肺结核等。随着抗生素的出现和运用，这些疾病逐渐消失。如今危害人类健康的疾病是重大与新发传染性疾病、心脏病、恶性肿瘤、糖尿病、高血压、高血脂等慢性非传染性疾病。据第五次国家卫生服务调查结果显示，2013年我国15岁及以上人口的慢性病患病率为3.1%，城市地区和农村地区分别为：36.7%、29.5%。与2008年相比，15岁及以上人口慢性病患病率上升了9个百分点。导致慢性病的危险因素（烟草使用、酗酒、高盐高脂饮食、静坐生活方式）处于流行高水平或者呈进行性上升的趋势。据统计，截止到2014年年底，我国心脑血管病发病率居全世界首位，高血压患病人数超过2亿，"三高"（患病率高、致残率高、死亡率高）和"三低"（知晓率为45%、服药率为28%、控制率为8%）特征明显。

（2）慢性病相关危险因素流行日益严重。我国人群超重和肥胖患病率快速上升。2016年，英国著名医学杂志《柳叶刀》发表全球成年人体重调查报告，调查发现中国已超越美国，成为全球肥胖人口最多的国家。其中，中国男性肥胖人数4320万人，女性肥胖人数4640万人，总人数高居世界第一。

国家统计局和国家卫生健康委员会数据显示，中国人的超重率和肥胖率均不断上升。1992～2015年，超重率从13%上升到30%，肥胖率从3%上升到12%。同时中国儿童和青少年的肥胖率也在快速增加，2002～2015年，儿童和青少年超重率从4.5%上升到9.6%，肥胖率从

2.1% 上升到 6.4%。根据 2015 年中国肥胖指数，从地域上来说，北方地区肥胖指数 35% 高于南方 27%。在肥胖人群不断增加的今天，减肥行业市场规模在 2015 年达到 900 亿，其市场空间还会因为不断增多的肥胖人群而继续增加。因此，在肥胖问题持续加重以及国内不断提高的爱美和健康意识，未来体重管理产品将迎来快速发展时期。

　　膳食不合理、身体活动不足及吸烟是造成多种慢性病的三大行为危险因素：①膳食不合理。改革开放后，我国经济迅速发展，食物供应不断丰富，与此同时人们偏离平衡膳食的食物消费行为也日益突出。主要表现为肉类和油脂消费的增加导致膳食脂肪供能比的快速上升，谷类食物消费的明显下降，食盐摄入居高不下。②身体活动不足。随着我国工业化进程的加快和生活方式的改变，我国居民身体活动不足的问题日益突出，而人们自主锻炼身体的意识和行动并未随之增加。全国体质调研结果表明，我国居民每周参加 3 次以上体育锻炼的比例不足三分之一，以 30 ～ 49 岁的中年人锻炼最少。③吸烟。中国是烟草生产和消费大国，生产和消费均占全球 1/3 以上。2016 年中国人吸烟现状报告结果显示，目前全国约有 3.5 亿吸烟者，全球每年因烟草使用造成约 600 万的死亡人数中，我国死亡人数超过 100 万，如果不加以控制，这个数字到 2050 年将增长到 300 万以上。

　　2. 老龄化趋势日趋严峻

　　（1）老年人数量迅速增长。中国老龄人口数量居世界首位，且近年来呈现连年上升趋势。国家统计局发布的 2017 年国民经济和社会发展统计公报显示，2017 年年末我国 60 周岁及以上人口数为 24090 万人，占总人口比重为 17.3%。据预测，我国 2030 年 60 岁及以上老年人口占比将达到 25.3%；2050 年，60 岁及以上老年人口占比将达到 34.1%。随着老龄化持续加剧，高龄化、空巢化问题日趋严重。目前，我国 80 岁以上老人数量高速增长，约为老年人增速的 2 倍，预计 2050 年 5 个老人中就有 1 个 80

岁以上老人。老年人持续、快速增长，已成为整个健康管理服务业的特殊群体和主体人群。同时，随着老龄化持续加剧，我国阿尔茨海默病、帕金森症等老年性疾病日益增多。因此，老年人的健康已不仅是家庭问题，而是严重的社会问题。

（2）我国社会养老服务体系建设处于起步阶段。我国的社会养老服务体系建设存在着与新形势、新任务、新需求不相适应的问题，主要表现在缺乏统筹规划，缺乏整体性和连续性；社区养老服务和养老机构床位严重不足，供需矛盾突出；设施简陋、功能单一，难以提供照料护理、医疗康复、精神慰藉等多方面服务；布局不合理，区域之间、城乡之间发展不平衡；政府投入不足，民间投资规模有限；服务队伍专业化程度不高，行业发展缺乏后劲；国家出台的优惠政策落实不到位；服务规范、行业自律和市场监管有待加强等。

慢性病患者人数的增长、疾病谱的变化及老年人口数量的攀升，均引发医疗模式由单纯病后治疗转向"预防、保健、治疗、康复"相结合，人们更加重视亚健康状态的调整和恢复。2017 年，我国人均国民生产总值为 8690 美元，人口期望寿命达到 76.7 岁，据预测，中国将于 2020 年后进入高人类发展水平（指人类发展指数大于 0.8）国家行列，这意味着健康会成为中国人的优先选择。因此，需要健康管理服务的人群数量将会持续上升，将会为健康管理服务业的发展带来巨大机遇。

（三）健康管理与健康中国建设

1.《"健康中国 2030"规划纲要》

中共中央政治局 2016 年 8 月 26 日召开会议，习近平总书记主持会议并审议通过了《"健康中国 2030"规划纲要》。2016 年 10 月 25 日，中共中央、国务院发布了《"健康中国 2030"规划纲要》（以下简称《纲要》），这是今后 15 年推进健康中国建设的行动纲领。党中央、国务院高度重视人民健康工作，《纲要》是中华人民共和国成立以来首次在国家层面提出的健康领域中长期战略规划。编制和实施《纲要》是贯彻落实党的十八届五中全会精神、保障人民健康的重大举措，对全面建设小康社会、加快推进社会主义现代化具有重大意义。同时，这也是我国积极参与全球健康治理、履行我国对联合国《2030年可持续发展议程》承诺的重要举措。

（1）强调预防为主，防患未然。健康中国的建设首先强调预防为主、关口前移，推行健康文明的生活方式，营造绿色安全的健康环境，减少疾病发生。其次要调整优化健康服务体系，强化早诊断、早治疗、早康复，坚持保基本、强基层、建机制，更好地满足人民群众健康需求，实现经济社会可负担、可持续的发展。

（2）坚持共建共享，全民参与。《纲要》明确将"共建共享"作为"建设健康中国的基本路径"，是贯彻落实"共享是中国特色社会主义的本质要求"和"发展为了人民、发展依靠人民、发展成果由人民共享"的要求。从供给侧和需求侧两端发力，统筹社会、行业和个人三个层面，实现政府牵头负责、社会积极参与、个人体现健康责任，不断完善制度安排，形成维护和促进健康的强大合力，推动人人参与、人人尽力、人人享有，在"共建共享"中实现"全民健康"，提升人民获得感。

（3）全民健康是建设健康中国的根本目的。《纲要》明确将"全民健康"作为"建设健康中国的根本目的"。强调"立足全人群和全生命周期两个着力点"，分别解决提供"公平可及"和"系统连续"健康服务的问题，做好妇女儿童、老年人、残疾人、低收入人群等重点人群的健康工作，强化对生命不同阶段主要健康问题及主要影响因素的有效干预，惠及全人群、覆盖全生命周期，实现更高水平的全民健康。

2.《中国防治慢性病中长期规划（2017—2025年）》

2017年1月22日，国务院办公厅发布了《中国防治慢性病中长期规划（2017—2025年）》（以下简称《规划》），这是首次以国务院名义印发慢性病防治规划，今后 5～10 年做好慢性病防治工作、提高居民健康期望寿命、推进健康中国建设的纲领性文件，是贯彻落实全国卫生与健康大会精神，努力全方位、全周期保障人民健康的重大举措，对于全面建设小康社会、推进健康中国建设具有重大意义。

（1）突出慢性病防治工作的综合性和社会性。慢性病防治是一项社会系统工程，需要各级政府、有关部门以及全社会的共同参与，《规划》提出要健全政府主导、部门协作、动员社会、全民参与的慢性病综合防治机制，就是强调要统筹资源，调动各方的积极性、主动性、创造性，共同发力，将健康融入所有政策，融入百姓生活。

（2）强调慢性病防控的个人健康责任。倡导"每个人是自己健康第一责任人"的理念，提出构建自我为主、人际互助、社会支持、政府指导的健康管理模式，促进群众自觉形成健康的行为和生活方式，在科学指导下开展自我健康管理，人人参与、人人尽力、人人享有，形成卫生与健康治理新格局。

（3）行动计划与预期目标明确可操作。《规划》提出了降低因重大慢性病导致的过早死亡率的核心目标，这与世界卫生组织《2013—2020 年预防和控制非传染性疾病全球行动计划》和联合国《2030 年可持续发展议程》的发展目标一致。围绕核心目标，《规划》从防治效果、早期发现和管理、危险因素控制、健康支持性环境建设等方面设置了 16 项主要量化指标，使目标任务具体化，工作过程可操作、可衡量、可考核。

（四）健康管理的学科发展

健康管理的发展需要学科建设、人才培养和学术研究的支持。近年来，我国的健康管理研究和学科建设从无到有，从简单到系统化的研究都有了很大的突破。2008 年年初，中华医学会健康管理分会组织专家对健康管理的发展进行了总结，并形成了专家共识。很多高等院校也开设了相应的课程，设立专业或学院，依托学科建设，促进适宜技术发展，为构建中国特色的健康管理学科与产业体系打下了基础。

1.中华医学会健康管理学分会

中华医学会健康管理学分会于 2007 年正式成立，分会以提高学术交流质量为重点，开展国内、国际学术研讨和学术交流，推动学科发展，创建品牌学术会议；开展健康管理学研究和临床新技术、新产品的推广工作；开展健康管理人才培训和继续教育工作；为政府行政部门决策提供咨询；为相关的健康产业的不同领域搭建交流与合作的平台，促进产业的健康、快速发展。健康管理学分会根据自身跨学科专业、跨行业领域的特点，加强与其他学会、协会、基金会以及有关机构的联系与合作，携手推动健康管理的发展。

2.健康管理师职业培训

健康管理师是 2005 年 10 月劳动和社会保障部第四批正式发布的 11 个新职业之一。2005 年 12 月，劳动和社会保障部 425 号文件《关于同意将医疗救护员等 2 个新职业纳入卫生行业特有执业范围的函》将健康管理师列为卫生行业特有职业（工种）归入卫生部进行管理。2017 年，健康管理师正式编入新版国家人社部职业资格目录清单。

健康管理师是从事对人群或个人健康和疾病的监测、分析、评估以及健康维护和健康促进的专业人员，其工作内容包括采集和管理个人或群体的健康信息；评估个人或群体的健康和疾病危险性；进行个人或群体的健康咨询与指导；制订个人或群体的健康促进计划；对个人或群体进行健康教育和推广；进行健康管理相关技术的研究与开发；进行健康管理技术应用的成效评估等。

健康管理师是卫生行业特有的国家职业，其国家职业资格证书是对持证人从事健康监测、健康评价、健康维护、健康促进等相关工作技术水平的认证，是其具有相应专业水平的证明，由该职业全国唯一认证单位——国家卫生和健康委员会职业技能鉴定指导中心负责该职业的职业技能鉴定相关工作，是该职业国家职业资格唯一的认证单位。健康管理师认证设一级、二级和三级三个级别，从 2007 年起，率先启动二、三级培训和鉴定。符合报名资格的学员经过培训后，参与国家健康委人才交流服务中心组织的国家职业资格健康管理师鉴定考核，经考试合格者，可获得由人力资源和社会保障部、国家卫生健康委人才交流服务中心共同认定并颁发的《国家职业资格证书》。2017 年国家重新审核确定了 140 项职业目录清单，健康管理师在该职业目录清单之列。

3.高等院校健康管理人才培养和科学研究

为了满足健康管理巨大的市场需求，从 2010 年起，健康管理方向硕士研究生开始培养。2011 年，我国首个健康管理学院成立，与之配套，2013 年，我国首个"治未病与健康管理"博士学位点获批，2014 年正式开始招生，首届毕业生已于 2018 年获得管理学博士学位。与人才培养水平的提升相对应，同年，我国首个"治未病与健康管理"部级重点学科、"移动健康管理系统"教育部工程研究中心获批，标志着我国健康管理科研平台的全面建立。2015 年，由中国健康促进基金会组织编写的《中华健康管理学》出版，同年，教育部全国高等院校规划教材《健康管理学》出版并投入使用。我国首部《中国健康服务业发展报告》系列图书自 2013 年开始，截止到 2018 年已连续出版 3 部。截止到 2018 年，教育部先后批准全国 61 所高校开设健康服务与管理本科专业并招生，其中包括"985"和"211"大学开设了健康服务与管理专业，这些高校将为健康中国战略实施输送人才。健康服务与管理专业相对于医学专业，更偏向管理，4 年制的本科毕业后，学生将取得管理学士学位。2017 年开始，国家自然科学基金委员会增设了"健康服务管理"学科代码：G040605，2018 年批准了相关的 60 项国家自然科学基金项目。

4.科学研究方向

（1）健康管理服务体系研究。健康管理服务提供体系：借鉴基本公共卫生服务提供体系的运行机制，对现有服务提供体系进行深入剖析，创新构建高效运行的健康管理服务供给体系；健康保障机制：总结继承现有健康保障服务的成果，探讨公共卫生服务相关政策中纳入中医预防保健服务和健康管理服务，深入探索既能满足当代人健康保障需求，又在经济上可持续的社会健康保障体系；健康管理机制：在开展健康管理技术方法研究的同时，加强基础理论、管理规范和效果评价等方面的研究，为高效开展安全、有效、方便、价廉的健康管理服务提供决策依据。

（2）健康管理应用基础研究。健康管理指标体系：对现行健康检测、评估、干预方式进行系统分析、梳理，对实际效果进行定性及定量研究，提出系统而规范的人体参数、状态辨识、状态调控的健康管理指标体系；效果评价方法：采用流行病学、描述性研究等研究方法，解析辨证论治构成要素，建立定量与定性研究方法结合、能够体现中医特色疗效的健康管理评价模式。

（3）健康管理智能系统研究。如何将治未病和养生保健的理论、技术及特色产品，通过健康物联网、互联网技术，进行网络式的管理，针对具体情况完成网络干预，搭建多级区域化、分布式和智能化的健康物联网和管理信息系统平台等。

健康管理服务作为一种新的健康服务模式在我国形成较晚，但近10多年来迅速成为我国应对重大疾病患病率快速上升和医疗卫生费用急剧增长的重要措施，健康管理服务的普及将对提高我国人民的健康水平起到至关重要的作用。

四、基本卫生保健

（一）基本卫生保健的概念

1978年，世界卫生组织在阿拉木图召开的首次国际初级卫生保健会议对基本卫生保健（初级卫生保健）下的定义是：基本卫生保健（Primary

Health Care，PHC）是基本的医疗与保健工作，它的基础是经过实践的、有科学根据的、社会上能接受的方法和技术，这些方法和技术是通过社区的个人、家庭的充分参与而得到普及，其所需费用应使社区和国家根据自己的实力在每一发展阶段有能力负担得起。基本卫生保健是国家卫生体系不可分割的组成部分，是国家卫生体系中的核心，也是整个社会发展的组成部分。基本卫生保健是国家卫生体系同个人、家庭和社区发生联系的第一阶段，它使卫生保健最大限度地深入到人们生活和工作的地方，因此是完整的卫生保健过程的首要因素。

从以下几方面来分析将更有助于全面理解基本卫生保健的真正涵义：

第一，从居民角度来看，基本卫生保健是一种必不可少的、人人都能享有和充分参与的、国家和人民负担得起费用的卫生保健。

第二，从技术方法上来看，是切实可行的、学术上可靠的、为社会和社区的个人、家庭所乐于接受的卫生保健。

第三，从卫生系统的角度来看，基本卫生保健为全体居民提供最基本的卫生保健服务，是最基层的卫生保健组织，是卫生系统的核心部分，是卫生保健最基础的工作。

第四，从政府部门的角度来看，基本卫生保健是各级政府的职责，是各级政府全心全意为人民服务、关心人民健康的重要体现，是各级政府组织有关部门和社会各界人士参与卫生保健的有效形式。

第五，从社会经济发展的角度来看，基本卫生保健是社会经济发展的重要组成部分，是精神文明建设的重要内容。

综上所述，我们给"基本卫生保健"一个简明的定义：基本卫生保健是指最基本的、人人都能得到的、体现社会平等权力的、人民群众和政府都能负担得起和全社会积极参与的卫生保健服务。

（二）基本卫生保健

（1）合理布局。人们接受卫生服务的机会必须均等，不能忽视边远山区、少数民族地区或城郊居民。

（2）社区参与。社区主动参与有关本地区卫生保健的决策，政府各部门协调行动。

（3）预防为主。卫生保健的重点是预防和保健，是为了促进健康服务，而不是单纯治疗疾病，医疗部门也应参与预防保健工作。

（4）适宜技术。卫生系统中使用的技术、方法和物资，应是能被接受的和适用的。

（5）综合利用。卫生服务仅仅是所有保健工作的一部分，它与营养、教育、饮水供应和住房等同属于人类生活中最基本的需要，这些要素对人民健康综合地起作用。

（三）基本卫生保健的内容

根据《阿拉木图宣言》，基本卫生保健工作可分四个方面、八项内容。

1.四个方面

（1）促进健康。包括健康教育、保护环境、合理营养、饮用安全卫生水、改善卫生设施、开展体育锻炼、促进心理卫生、养成良好生活方式等。

（2）预防保健。在研究社会人群健康和疾病的客观规律及它们和人群所处的内外环境、与人类社会活动的相互关系的基础上，采取积极有效的措施，预防各种疾病的发生、发展和流行。

（3）合理治疗。及早发现疾病，及时提供医疗服务和有效药品，以避免疾病的发展与恶化，促使疾病早日好转、痊愈。

（4）社区康复。对丧失了正常功能或功能上有缺陷的残疾者，通过医学、教育、职业和社会的措施，尽量恢复其功能，使他们重新获得生活、学习和参加社会活动的能力。

2.八项内容

（1）对当前主要卫生问题及其预防和控制方法的健康教育。

（2）改善食品供应和合理营养。

（3）供应足够的安全卫生水和基本环境卫生设施。

（4）妇幼保健和计划生育。

（5）主要传染病的预防接种。

（6）预防和控制地方病。

（7）常见病和外伤的合理治疗。

（8）提供基本药物。

在1981年第三十四届世界卫生大会上，除上述八项内容以外，又增加了"使用一切可能的方法，通过影响生活方式、控制自然和社会心理环境，来预防和控制非传染疾病，促进精神卫生"一项内容。很明显，工业发展可能带来的职业性病伤、生活方式改变所致的慢性病、外伤和肿瘤的预防、精神卫生等，都应包括在基本卫生保健的内容中。

（四）基本卫生保健的特点

基本卫生保健具有社会性、群众性、艰巨性和长期性特点。

1.社会性

使所有人达到尽可能高的健康水平是世界范围内的一项重要的社会性目标。要实现这一目标，开展基本卫生保健是关键性措施。影响居民健康的因素，既有社会经济、自然环境、生态环境和医疗卫生条件的影响，又有生物因素、理化因素、心理因素和居民卫生习惯的影响。因此，基本卫生保健具有广泛的社会性，是一项社会系统工程。

2.群众性

基本卫生保健的对象是居民群体，即在一定区域内的全体居民。基本卫生保健关系到全世界每个居民、每个家庭、每个社区。因此，基本卫生保健具有广泛的群众性。群众不仅有享受卫生保健的权利，同时有参与和实施基本卫生保健的义务。要不断教育、组织群众同不卫生的习惯和各种疾病作斗争，采纳合乎卫生要求的生活方式，养成爱清洁、讲卫生的习惯，培养健康行为，提高自我保健与家庭保健的能力，积极参与基本卫生保健的实施。

3.艰巨性

无论是从当今世界亟待解决的卫生问题来看，还是从我国卫生状况来分析，基本卫生保健的任务都是相当艰巨的。我国的经济、文化、教育水平还比较落后，卫生事业的发展与社会经济发展不同步，基本卫生保健经费不足，所需要的适宜人才及适宜技术缺少，卫生事业还满足不了人民对医疗保健日益增长的需求。另外，心血管病，脑血管病，恶性肿瘤、遗传性疾病等在全国已上升为威胁人民健康的主要因素。随着经济改革和对外开放的不断深入，已经和将要带来的若干新的卫生问题，急需研究解决。

4.长期性

我国基本卫生保健面临着许多新情况、新挑战。首先，随着社会的发展和居民生活水平的不断提高，人们对卫生保健的要求越来越高，不仅要求有医有药，而且追求健康长寿；其次，我国人口的年龄结构将由"成年型"向"老年型"转化，呼唤更高标准的基本卫生服务；最后，由于经济的发展，人民生活方式改变所致慢性病、心脑血管病、恶性肿瘤以及意外伤害等疾病相对增加。这种由生物医学病因，发展为生物—心理—社会病因的变化，使预防疾病在思想上、技术上、队伍上和管理体制上需要有相应的改变，即称为医学模式的转变。可见，基本卫生保健是一项长期的战略任务。

（五）基本卫生保健的意义

1.充分享有健康权

基本卫生保健代表了全世界人民的利益，体现了社会的公正和应享有的健康权利。基本卫生保健对任何国家都很适用，尤其为发展中国家所急需。目前，全球不同国家和地区居民的健康状况、卫生资源分配、卫生服务水平，在发达国家与发展中国家和不发达国家之间存在着巨大的差异，在同一国家内部城乡之间也存在着严重的不平衡。基本卫生保健正是消除这种不平衡现象的有效途径。它改变了过去卫生工作的方向，把卫生保健转为面向社会、面向基层，为每个家庭和个人服务。

2. 促进社会经济发展

基本卫生保健保护了劳动生产力，促进了社会经济的发展，是使人人达到比较满意的健康水平的关键，它有助于人们为社会经济发展作出贡献。一方面，基本卫生保健依赖于社会经济发展；另一方面，基本卫生保健能够开发人力资源，因为人民的健康状态对生产力的发展起着重要作用。因此，基本卫生保健又能够促进整个社会经济的发展。

3. 提高人人健康水平

全世界许多国家的卫生状况和有关社会经济状况存在着严重的问题。人们在不断地实践和探索中认识到，只有通过基本卫生保健，才能真正做到人人享有社会所提供的预防疾病和促进健康的各项措施。基本卫生保健立足基层、进入家庭，重视健康教育，从预防保健入手，通过每个人和全社会的共同努力，达到人人健康的目标。

4. 提高精神文明水平

基本卫生保健能够改善居民生活及环境质量，提高居民爱护公共卫生的意识，激发群众的积极性和创造性。居民的生活环境质量是由多方面因素构成的，基本因素包括一个国家的经济、社会、科技和文化状况，国家的卫生工作方针、政策、卫生事业发展，以及自然地理状况、生活方式和当地的风俗习惯等，这些因素都与居民健康息息相关。因此，一个国家基本卫生保健的水平是社会精神文明的重要标志和具体体现，也是建设健康中国的重要途径。

知识拓展

新时代大学生是建设社会主义的主要力量、后备力量，他们是未来社

63

会主义建设的组织者和实施者。加强大学生健康教育，提高当代大学生各方面的素质，不仅有利于促进大学生塑造完善的人格，而且是在为社会可持续发展提供可贵的人才资源，这是21世纪道德教育发展对大学生的新要求。加强对大学生的健康教育，全面提高跨世纪人才质量已成为高等学校所面临的迫切任务。

健康管理是指对个人或人群的健康危险因素进行全面监测、分析、评估、预测并进行计划、预防和控制，旨在发动个人、集体和社会的积极性有效地利用有限的卫生资源来满足健康需要以达到最佳的健康效果。实施健康管理是变被动的疾病治疗为主动的管理健康，达到节约医疗费用支出、维护健康的目的。就此，本书提出大学生健康管理的实施步骤。

一、学生健康信息收集及评价

收集包括入学和毕业健康体检、校医院常见疾病和传染病诊治记录与大学生心理咨询室的咨询记录等各种健康信息，并查阅大量近年来相关的研究资料。然后根据所收集的大学生健康信息，用数学模型对大学生健康状况及未来患病或死亡的危险性进行量化评估。

二、制订群体和个体的健康干预措施

健康干预通过对生活方式的管理来实现：①改变不良生活方式，健康的生活方式包括了合理饮食、戒烟限酒、适量运动、心理平衡。②需求管理。包括一些基本的保健常识，各种保健方法的介绍。③特殊疾病管理，包括学生的自我保健服务，帮助他们更好地使用医疗服务来管理自己的小病，帮助他们认识自身的疾病，增强治疗的信心促进疾病的康复。

三、大学生健康管理的评估

大学生健康管理是一个长期、连续不断、周而复始的过程。通过流行病学调查，收集大学生的健康状况信息，对社会的适应状况信息和医疗支出费用信息等，运用相应的数学模型对资料进行量化评估，对实施健康干预效果进行评价，并反馈调整干预措施。

大学生健康管理是一个刚刚起步的研究领域，健康管理以其预防控制健康危险因素，减少或防止疾病的发生，投入少、效益高和个性化的服务而茁壮成长。随着我国高校规模的扩大，健康管理对促进大学生心理和生理健康，让他们树立正确的疾病意识，对自我的健康进行管理有重要的意义。

总之，健康的本质就在于和谐。随着时代的发展，健康教育成为大学生全面发展的一个重要内容。因此，我们应通过大学生健康教育，提高他们的素质，促进他们全面发展，以确保大学生心理和生理的全面健康。

第三节　有氧运动

有氧运动是指人体在氧气充分供应的情况下进行的体育锻炼。即在运动过程中，人体吸入的氧气与需求相等，达到生理上的平衡状态。

简单来说，有氧运动是指任何富韵律性的运动，其运动时间较长（约15min 或以上），运动强度在中等或中上的程度（最大心率值 60%~80%）。有氧运动是一种恒常运动，是持续 5min 以上还有余力的运动。

是不是"有氧运动"，衡量的标准是心率。心率保持在 150 次 / min 的运动量为有氧运动，因为此时血液可以供给心肌足够的氧气。因此，它的特点是强度低，有节奏，持续时间较长。要求每次锻炼的时间不少于 30min，每周坚持 3~5 次。这种锻炼，氧气能充分燃烧（即氧化）体内的糖分，还可以消耗体内脂肪，增强和改善心肺功能，预防骨质疏松，调节心理和精神状态，是健身的主要运动方式。所以，如果体重超标，要想通过运动来达到减肥的目的，建议选择有氧运动，像慢跑、骑自行车。如图 3–5 所示。

图3-5 骑自行车

知识拓展

2016 年美国心脏病协会（AHA）提出（图 3-6），心肺适能作为临床"第五生命体征"应予重视，心肺运动试验尤其是测得峰值摄氧量是衡量有氧运动能力的金指标。心肺运动试验适用于肥胖患者。肥胖患者及非酒精性脂肪肝治疗，饮食和运动是基础，研究表明从低到中等强度的递增负荷运动，脂肪氧化速度逐渐增加，但如果强度超过一定范围，则脂肪的氧化速度下降，运动减脂效果反而不佳。

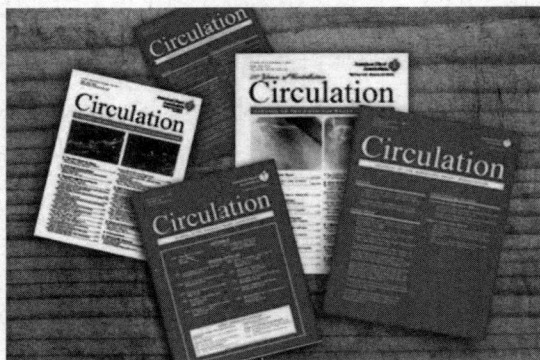

图3-6 《循环》（Circulation，著名的世界心血管医学权威杂志）

一、健身价值

英文"AEROBICS"意为"有氧"或"有氧参与的"。其实，有氧运动除了主要由氧气参与供能外，它还需要全身主要肌群参与，运动持续较长时间并且是有韵律的运动。有氧运动能锻炼心、肺，使心血管系统能更有效、快速地把氧传输到身体的每一个部位。

通过经常有氧运动锻炼，人的心脏会更健康，脉搏输出量就更大些，身体每部分的供氧就不需要很多的脉搏数。一个有氧运动素质好的人可以参加较长时间的高强度的有氧运动，他（她）的运动恢复也快。

有氧操（有氧健身操）就是具有"有氧运动"特点的健身操，即在音乐的伴奏下、能够锻炼全身的健身运动。它也必须是运动连续时间至少12min以上。但是广播操、工间操不是有氧操（有氧健身操），它们只能算健身操。广播操、工间操的锻炼效果远没有有氧操的效果大。

二、常见方法

常见的有氧运动项目有步行、快走、慢跑、竞走、滑冰、长距离游泳、骑自行车、打太极拳、跳健身舞、跳绳／做韵律操、球类运动如篮球、足球等。有氧运动特点是强度低、有节奏、不中断和持续时间长。同举重、赛跑、跳高、跳远、投掷等具有爆发性的非有氧运动相比较，有氧运动是一种恒常运动，是持续5min以上还有余力的运动。

三、有氧运动的好处

有氧运动的目的在于增强心肺耐力。在运动时，由于肌肉收缩而需要大量养分和氧气，心脏的收缩次数便增加，而且每次压送出的血液量也比平常多，同时，氧气的需求量亦增加，呼吸次数比正常多，肺部的收张程度也较大。所以当运动持续，肌肉长时间收缩，心肺就必须努力地供应氧气分给肌肉，以及运走肌肉中的废物。而这持续性的需求，可提高心肺的耐力。当心肺耐力增加了，身体就可从事更长时间或更高强度的运动，而且较不易疲劳。

汽油的燃烧离不开氧气，所以我们也可以把发动机的工作称为有氧运动。同样，人类在运动中也要燃烧燃料，人类的"燃料"是糖类、蛋白质和脂肪。人类的这些"燃料"都储存在人体的细胞中，当你运动时，就会消耗这些"燃料"以获得动力。与发动机燃烧汽油一样,人类在燃烧"燃料"(即氧化)的时候也需要氧气助燃。人们在运动时大口大口地呼吸,使空气中的氧气通过肺泡进入到血液循环系统之中,然后随着动脉血流向全身的组织细胞中,这是一个漫长的过程。

低强度、长时间的运动,基本上都是有氧运动,比如,步行、慢跑、长距离慢速游泳、骑自行车、跳舞等。有氧运动能够有效地锻炼心、肺等器官,能改善心血管和肺的功能。人在利用氧气的过程中,有一个相当大的时间差,这个时间差就决定了剧烈的、短时间的运动成为了无氧运动。而当你运动的时间足够长时,氧气已经溶入到细胞中,身体内的葡萄糖得到了充分的"燃烧",从而转化为新的能量,这样的运动就是有氧运动。

有氧运动有氧运动需要大量呼吸空气,对心、肺是很好的锻炼,可以增强肺活量和心脏功能。如图3-7所示为瑜珈练习。

图3-7 瑜珈练习

长期坚持有氧运动能增加体内血红蛋白的数量,提高机体抵抗力,抗衰老,增强大脑皮层的工作效率和心肺功能,增加脂肪消耗,防止动脉硬化,降低心脑血管疾病的发病率。减肥者如果在合理安排饮食的同时,结合有氧运动,不仅减肥能成功,而且减肥后的体重也会得到巩固。有氧运动对脑力劳动者也是非常有益的。另外,有氧运动还具备恢复体能的功效。

2 型糖尿病患者、肥胖症患者以及脂肪肝患者，一定要做有氧运动，患有心律不齐、心脑动脉血管硬化的人，以及年龄大的人，也都应该做有氧运动。如果是为了强壮肌肉、健美体形，预防椎间盘突出症、颈椎病以及骨质疏松、骨质软化的人，应当做无氧运动。

如果心率达到 150 ～ 160 次 /min，此时血液对心肌供氧已不充分，便为半有氧运动。

如果心率达到 160 次 /min 以上，便为无氧运动了，即血液中的氧气对心肌已是供不应求了。

新陈代谢需要氧气的参与，有氧运动由于氧气充足，可使体内营养物质代谢彻底，即达到最终代谢——营养物质分解为二氧化碳和水。二氧化碳通过呼吸排出体外，水则"进一出四"从口中进入，通过呼吸、汗液、小便、大便四条途径排出。

有氧运动能够达到瘦身减肥的效果，晚饭后进行半小时的散步，就能很好地将晚饭中的脂肪和蛋白质进行调节消耗。

四、要领和尺度

（1）运动前预热。每次运动前需要有个热身过程即准备活动，活动关节韧带，抻拉四肢、腰背肌肉。然后从低强度运动开始，逐渐进入适当强度的运动状态。热身，一般是指用小强度的有氧运动健身来使自己的身体渐入佳境，体温慢慢升高，心率提高，呼吸匀速变快。血液循环也更迅速，这样氧和养料就会被输送到心脏和肌肉，为你的运动做好准备，达到热身活动目的的一个重要标志就是身体微微开始出汗。热身的时间 5 ～ 10min 就可以了。天冷时，热身时间要长，并多穿些衣服。

有很多人为了节省时间，不热身就直接进入高强度的有氧训练，这样的话，由于心血管系统和肺部还都没有进入状态，体温也比较低，肌肉的柔韧性不好，就很容易造成损伤。另外，热身之后再运动，感觉也会好一些，运动时间也可以更长。换句话说，不热身就运动，你更容易疲劳。

（2）接近而不超过"靶心率"。一般来说，靶心率为170-年龄的数值。如果你60岁，靶心率就是170-60=110（次/min）。你在运动时，可随时数一下脉搏，心率控制在110次/min以下，运动强度就是合适的，当然这是指健康的运动者，体弱多病者不在此列。如果运动时的心率只有70～80次/min，离靶心率相差甚远，就说明还没有达到有氧运动的锻炼标准。

（3）自我感觉是掌握运动量和运动强度的重要指标，包括轻度呼吸急促、感到有点心跳、周身微热、面色微红、津津小汗，这表明运动适量；如果有明显的心慌、气短、心口发热、头晕、大汗、疲惫不堪，表明运动超限。如果你的运动始终保持在"面不改色心不跳"的程度，心率距"靶心率"相差太远，那就说明你的锻炼不可能达到增强体质和耐力的目的，还需要再加点量。

（4）后发症状即运动过后的不适感觉，也是衡量运动量是否适宜的尺度。一般人在运动之后，可有周身轻度不适、疲倦、肌肉酸痛等感觉，休息后很快会消失，这是正常现象。如果症状明显，感觉疲惫不堪、肌肉疼痛，而且一两天不能消失，这说明中间代谢产物在细胞和血循环中堆积过多。这是无氧运动的后果，你下次运动可就要减量了。

（5）放松与热身有同样的作用，在运动中，血液循环加快，血液的量也增加了，特别是四肢部分。如果马上停止运动，血液会囤积在下肢而给心脏造成多余的负担。严重时会影响到大脑供血，甚至出现眩晕和头昏。所以运动目的达到后应该有5～10min的放松，也就是逐步减小运动强度，慢慢地恢复到安静状态。

拓展训练

有氧运动练习与评价

练习前要

（1）吃一些富含氨基酸的食物。在脂肪燃烧的同时，肌肉也会紧收而变得酸痛，而在运动前享用些类似海鲜饭团或是麻婆豆腐这样富含氨基酸的食物，就能较好地缓解肌肉的酸痛和僵硬。

（2）运动前喝一杯热饮。可以有效地促进新陈代谢，使身体提前预热，在最短的运动时间里发挥出最好的效果。

掌指练习

方法：两掌胸前合拢，五指分开，指腹相对。两手第一指腹相互作抗力推进，两掌缓张，呈"爪"形静态抗力 10 ～ 12s，重复 7 ～ 8 次。

效应：增强指部展肌和桡侧腕短伸肌肌力。

提示：指腹互推时，均需适量抗力，递增抗衡强度。

肩臂练习

方法：分腿站立，两手胸前合掌，手指向上。右掌推力超过左掌的抗力，用力将左臂推至左体侧。左掌抵制右掌的抗力，将右臂推回右体侧，重复 10 ～ 12 次。

效应：提高三角肌、肱二头肌、肱桡肌和拇短屈肌的肌力。

提示：两掌推移时，被推移的腕掌需有抗衡力，以递增抗力力度。

头颈练习

方法：分腿站立，两手交叉抱颈。两手慢速用力推动头、颈部的抗力，将头按压至胸锁骨部位，呼气。然后颈部用力抗回两手的下扳力，将头部向上竖抬成预备姿势，吸气。重复 7 ～ 8 次。

效应：增强颈阔肌和肩胛提肌等的肌力。

提示：两手向下扳力不宜大于头、颈部向上的抗力。扳速宜缓慢，扳力宜适中。

腰背练习

方法：分腿站立，两手叉腰，虎口向下。腰背部迎着两手逆向扭转的抗力，作顺向环绕旋转，呈静态抗力 6 ～ 8s。然后反方向重复。间歇 30 ～ 40s。

效应：促进背阔肌、腰侧肌和竖脊肌伸展力，提高腰椎灵活性。

提示：腰背部绕旋时，头、颈部和上体协同转动。两脚不可移动。

胸腹练习

方法：并腿仰卧，两掌位于腹部。胸腹部迎着两掌按压的抗力向上作反抗力呈 45 度仰卧起坐 5 ~ 6s，重复 7 ~ 8 次。

效应：增强腹直肌和胸大肌肌力。

提示：仰卧呈起坐时，深吸气；仰卧躺下时，呼气。

评价方法

1. 心率

这是测定有氧运动效果和强度的最直接指标。运动时达到多少心率或者说强度才能有效减肥呢？通常应在最大心率（MHR 为 220- 你的年龄）的 60%-75%。也就是说比如一位 30 岁的朋友，最大心率为 220-30=190。则 190×60%=114 ~ 190×75%=145，即心率保持在 114 ~ 145 左右的锻炼才有效并安全。由于最大心率是一个基于生理条件的心跳极限的估算值，故实际强度要因人而宜，对于初习者通常可保持在 60% ~ 65%MHR 即可。如果不顾自己的身体条件一味追求高强度，则将不利于健康。

2. 时间

根据美国运动医学的研究，有氧运动前 15min，由肝糖元作为主要能源供应，脂肪供能在运动后 15 ~ 20min 才开始启动，所以一般都要求有氧，运动持续 30min 以上，那么就发生一个问题，在保持高强度如 65%MHR 下轻松运动 30min 或更长时间，每个人都有这样的基础体能吗？让我们先来看一下在保持高强度如 65%MHR 下运动 30min 是怎样的概念。成年女子 800m 及男子 1500m 长跑一般可以达到要求的心率，一般人在体育课上都应有过这样的体验。其达标时间分别为 4 ~ 5min 与 6 ~ 7min。那么也就是说中速跑 6 ~ 8km，方可达到 65%MHR 有氧运动 30min。

3. 自我感觉

自我感觉是掌握运动量和运动强度的重要指标，包括轻度呼吸急促、感到有点心跳、周身微热、面色微红、津津小汗，这表明运动适量；如果有明显的心慌、气短、心口发热、头晕、大汗、疲惫不堪，表明运动超限。如果你的运动始终保持在"面不改色心不跳"的程度，心率距"靶心率"相差太远，那就说明你的锻炼不可能达到增强体质和耐力的目的，还需要再加点量。

有氧运动很有必要，不要怕费时间，费体力，身体健康方能万事如意。

知识链接

"有氧运动"一词，是由美国空军运动研究室的库珀博士于1968年提出来的，意思是指在运动时，人体内随时都有充分摄取的氧气，而其运动系统所需能量，主要以有氧方式来供给。库珀根据大量的实验得出结论：人在20～60岁这一时期，若缺乏有氧运动，将使组织器官受损，心脏、胃肠、肌肉、骨骼的功能、身体的抵抗力都将下降30%。经过多年研究和探索后，他创造了闻名世界的有氧运动法及其运动处方。

有氧锻炼法是国内外比较流行的一种运动健身方法，它是指锻炼者仅通过呼吸就能够满足身体运动对氧气需求的一种锻炼方法。有氧锻炼法的特点是运动强度适中，运动时间较长（30min左右）。有氧锻炼可以有效地提高心血管机能和呼吸机能，减少脂肪积累，增进健康。现代人由于工作节奏加快，物质条件改善，体力活动减少，往往会引起内脏器官机能减弱、体力下降，总觉得身体不舒服可又查不出什么毛病，这正是处在健康和疾病之间的状态——亚健康状态。有氧锻炼可以改善心肺血管机能、增进健康，因此，医学专家认为，用有氧锻炼对付亚健康状态是极好的方法。

第四章
大学生心理健康

学习目标

了解大学生心理健康的标准。

了解大学生心理发展的阶段及特点。

了解影响大学生心理健康的因素。

思政之窗

2022 年 9 月 29 日，世界人文社会科学高校联盟 2022 年会暨全球高等教育管理者论坛在中国人民大学正式开幕。9 月 30 日，以"构建面向未来的高校心理健康服务体系"为主题的分论坛举行，来自北京师范大学、中国人民大学、清华大学、北京大学、美国斯坦福大学等国内外高校的专家学者以线上线下相结合的方式参与了此次论坛。

北京大学学生心理健康教育与咨询中心主任刘卉分享了以"学生心理健康"因素为切入点，北大驻楼辅导员项目探索"思政＋心理"育人新模式的一些经验和见解。专职辅导员入住学生公寓楼，通过思政＋心理相融合的教育模式引导学生树立正确的人生观、世界观、价值观，不断加强学生安全、心理、道德教育。

第一节　大学生心理健康概述

经过六月的洗礼与漫长的等待，怀着梦想，怀着激情，怀着亲人殷殷的嘱托，年轻的朋友们步入了向往已久的大学殿堂，步入了放飞青春梦想的地方。人的灵魂是思想，而思想的基础是人的心理，大学生活应从"心"开始，不断提升心理素质应该成为当代大学生的首要追求。心理健康不仅是大学生身心健康发展的需要，也是大学生适应社会的需要，更是大学生成功发展的需要。只有心理健康的人，才能把握自己、适应环境、面向未来、自强不息，才能彰显出生命的价值。而心理健康教育的目的正是提高大学生的心理素质，那么什么是心理素质？心理健康的标准又有哪些呢？

一、心理与心理素质

人的眼睛能看到五彩缤纷的世界，耳朵能听到优美的乐曲，大脑可储存大量的信息，能用自己的思维和想象去探索自然和社会的奥秘；人有七情六欲，会喜怒哀乐；人还会为了自己的目的，通过行动去满足自己的需要。人们在生活实践中与周围环境、事物相互作用而产生的这样或那样的主观活动和行为表现，就是人的心理活动，简称心理。人的一切活动都与心理现象的存在和变化密不可分。在心理学家看来，人的心理现象由心理过程和个性心理两个方面组成。心理过程和个性心理是人的心理活动的基本形式，也是人的心理活动表现的重要方面。如图4-1所示，5月25日为大学生心理健康日。

图4-1　大学生心理健康日

　　人的心理过程就其性质与功能的不同，分为认识过程、情绪情感过程和意志过程。认识过程是人接受、储存、加工和理解各种信息的过程，即人脑对客观事物的现象和本质的反映过程。它包括感觉、知觉、记忆、思维和想象。情绪情感过程指人们抱着自己的某种需要去认识和反映客观事物，在认识过程中产生的一种态度上的体验。如满足了需要、达到了目的，则产生一种愉快、肯定、积极的态度体验；反之，则产生一种不愉快、否定、消极的态度体验。这种由于需要是否满足而产生的态度上的体验，就是情绪情感过程。情绪情感过程包括低级的情绪过程和高级的情绪过程。意志过程是人们为了实现目的，驱动自己从事克服困难的活动的心理过程。人类不仅要认识世界，还要改造世界。在改造世界的活动中，总是带有一定的目的性，为了实现既定目的，又要想方设法去克服困难。这种为了实现目的克服困难的活动则构成心理过程中的意志过程。意志是自觉地确定目的，并根据目的来支配、调节自己的行动，克服各种困难，从而实现预定目的的心理过程。

　　认识、情绪情感和意志这三种心理过程作为人脑反映客观现实的形式，是人类共有的，但是，并不是说人反映客观现实都表现出同样的行为模式。每个人在反映客观现实时，都表现出每个人不同的行为特点和方式。这些不同的特点与方式构成了人与人之间的心理上的差异，称为个性差异，也称个性心理。个性心理主要表现在两个方面：个性倾向性和个性心理特征。个性倾向性是指一个人所具有的意识倾向和人对客观事物的稳定的态度，主要包括需要、动机、兴趣、理想、信念和世界观。个性心理特征是一个人身上经常表现出来的本质的、稳定的心理特点，这种稳定的心理特征是个性倾向性稳固化和概括化的结果，它包括能力、气质和性格。

心理素质是人的心理过程和个性心理所体现的心理品质的总和，也是人的智力因素与非智力因素所体现的品质的总和。智力类的心理素质包括注意力、观察力、记忆力、思维力、想象力等一般能力，也包括表现在方方面面的特殊能力，如表达能力、社交能力、组织能力等；非智力类的心理素质包括需要、动机、兴趣、情绪、情感、意志、态度、理想、信念等。心理素质是人的整体素质的一个重要组成部分。人的素质主要包括思想道德素质、科学文化素质、专业能力素质、身体心理素质四个方面。思想道德素质是人的素质的灵魂，把握着人的素质的方向；科学文化素质是人的素质的基础，是人获得其他素质的平台；专业能力素质是人的素质中的工具性素质，既是人为社会服务的工具，也是人立足于社会的谋生手段；身体心理素质则是上述素质的载体，是人的素质中一个非常关键的素质。心理素质在人的整体素质中处于十分重要的地位，具有非常重要的作用，它是人的整体素质的基础和核心，是其他素质形成与发展的内因。从本质上看，心理是人脑对客观现实的能动反映，心理素质既然是人的心理过程和个性心理所体现出来的品质，它当然也是人脑功能的体现，是人在社会实践活动中逐步形成的。

二、心理健康的一般标准及大学生心理健康的标准

心理素质健康发展，即心理健康，对每一个人的成长和发展都有重要影响。那么人的心理怎样才算是健康的呢？

心理健康是科学健康概念的一个重要组成部分。1989 年，世界卫生组织将健康定义为"躯体健康（physical health）、心理健康（psychological health）、社会适应健康（good social adaptation health）和道德健康（ethical health）"。根据健康新概念，《心理学大辞典》指出，符合下列标准，可视作心理健康：①情绪稳定，无长期焦虑，少心理冲突。②乐于工作，能在工作中表现自己的能力。③能与他人建立和谐的关系，且乐于和他人交往。④对自己有适当的了解，且有自我悦纳的态度。⑤对生活的环境有适当的认识，能切实有效地面对问题、解决问题，而不是逃避问题，即自我之间获得和谐关系。

国内外心理学家在研究和探索过程中提出了一系列心理健康标准。综合国内外专家学者的研究，我们提出以下心理健康的一般标准及大学生心理健康标准。

我们从人的心理过程和个性心理，即知、情、意、个性四个方面来概括心理健康的一般标准。我们认为，心理健康的人应该具有比较正确的认知、良好的情绪情感、坚强的意志品质与健康的个性心理。

1. 比较正确的认知

人们的认知包括客观认知和主观认知。客观认知又包括对自然的认知、对社会的认知。心理健康的人要正确地认识自然和社会，就必须智力正常，这是最基本的要求。主观认知包括对各种思想观点的认知和对自我的认知。只有确立了科学的世界观和方法论，才可能对各种思想观点进行正确的分析，使主观与客观相统一。心理健康的人还要求有良好的自我意识。良好的自我意识首先表现在"自知"，就是要能正确认识自己，其次要能"自尊、自爱"，最后是在"自知、自尊、自爱"的基础上能自我调控自己，并具有充分的真实的自信心。

2. 良好的情绪情感

稳定愉快的情绪和丰富深刻的情感是心理健康的重要标志，而要保持良好的情绪情感就必须有良好的应对方式。人的一生始终处于不断地追求、不断地选择、不断地失意、不断地受挫之中，因而人们可能常常感到焦虑和痛苦，于是会自觉不自觉地采用各种方式方法来应对这些痛苦。一个心理健康的人应该有健康合理并适合自己的有效的应对方法，以减轻、排解或解除痛苦，始终保持乐观向上的生活态度，并有幸福感。

3. 坚强的意志品质

意志的自觉性、果断性、坚持性和自制性是良好意志品质的基本特征。每个人都要锤炼良好的意志品质，提高个人的社会功能。社会功能是指一个人在社会上生存和发展的能力。首先，人际交往是最基本的社会功能。其次，社会适应能力是很重要的社会功能。最后，一定的创造力是知识经济社会生存和发展不可缺少的一种社会功能。具有良好社会功能的人，行动才会具有自觉性、果断性、坚持性和自制性。

4. 健康的个性心理

良好的人生态度很重要。一个人良好的人生态度首先来自健康向上的人生观、价值观，这是人生的航标。只有树立了健康向上的人生观、价值观，才能明确人生的目标和方向，人生才有动力，人才能拥有良好的人生态度。其次要有完整统一的人格，要将自己的需要、愿望、理想、目标与自己的行为统一起来，人格才完整，若二者分离将导致人格分裂。最后应具有优良的意志品质、自主性和协作意识，这样才能克服人生困难，与人和谐相处，与社会协调发展，永葆乐观向上的人生态度。

参照心理健康的一般标准，结合现代社会对人才素质的要求以及我国现阶段大学生身心发展的实际，我们认为大学生心理健康标准可以概况为如下几个方面：

1. 智力正常

正常的智力是大学生进行正常的学习、工作和生活的最基本的心理条件，是衡量心理健康的最重要的方面，从智力测验的角度来看，智力正常的标准应当是智力商数在 70 以上，低于 70 为智力落后。我国的大学生一般都是经过高考录取入学的，智力基本上在中等水平以上，极少有落后的情况。

2.情绪情感积极稳定

情绪是衡量心理健康与否的一个显著标志。心理健康的大学生积极的情绪远多于消极的情绪，主导心境是愉悦、乐观和平静的，且能恰如其分地表达情绪。情感是和人的社会需要相联系的一种较高级而稳定的体验。心理健康的大学生有较强烈的社会责任感和集体荣誉感，并能珍惜友谊，探索和追求真理，欣赏并向往美好事物，在学习、工作和生活中积极创造美，并有幸福感。图 4-2 为积极向上的大学生。

图4-2　积极向上的大学生

3.意志、行为健全协调

意志健全主要表现在意志品质上。心理健康的大学生意志的自觉性、果断性、坚持性和自制性都获得了协调发展。他们学习、生活的目的明确，能根据现实的需要调整行动的目标，能尊重、听取别人的意见，但又独立思考，不盲目服从；能果断地做出决定并执行决定；能专注于学习或其他活动，并在活动中勇于克服各种困难，坚持不懈地为实现目标而奋斗；能为实现目标而自觉地约束自己，抑制自己不合理的欲望，抵制各种外部诱惑。行为协调主要表现在行动的计划性、一贯性与统一性以及言谈的逻辑性等方面。

4.自我意识良好，个性完整统一

心理健康的大学生有积极向上的人生观、价值观和世界观，有理想、抱负和坚定的信念。他们能把需要、动机、态度、理想、目标和行为统一一起来，做到态度与行为相一致，不为了眼前利益而放弃远大目标，不为私欲而背弃良心。同时，心理健康的大学生对自己的能力性格以及优缺点都能做出比较客观的评价，能把"理想的我"与"现实的我"有机地统一起来，而且"理想的我"总能在"现实的我"中得到体现，能根据自己的认识和评价来调控自己的行为，使自己与环境保持平衡。

5.社会适应良好

心理健康的大学生能正确客观地认识、评价自己所生活的环境，能坦然面对并接受现实，他们能明确自己所处的位置，怀有高于现实的理想和愿望，又不沉湎于不切实际的幻想和奢望。在环境不利时，既不逃避，也不怨天尤人和自暴自弃，而是通过自己的努力主动去适应环境，积极改造环境。心理健康的大学生的言行基本符合社会规范。当他们发现个人的行为偏离了社会的要求时，能够及时纠正，同社会要求趋向一致。心理健康的大学生有积极的交往态度，能掌握一定的交往方法和技巧，在交往中做到诚实守信、和善友爱、宽容尊重、关心合作，能与大多数人都建立良好的人际关系。

6.心理活动特点符合年龄、性别和角色特征，并无心因性生理异常现象

心理健康的人，其一般心理特点应该与其所属年龄阶段的人的共同心理特征相一致，与其性别及在不同环境所扮演的角色相符合。心理健康的大学生充满青春活力、朝气蓬勃、积极向上、敢想敢干、勤学好问、探索创新。在性别特点方面，男性大学生表现相对主动勇敢、刚强果断、爽直大方，而女性大学生则相对温柔细致、富于同情心等。在角色特征方面，能够根据自己所处的场合，正确把握自己所扮演的角色。心理健康的大学生还应该没有诸如头痛、失眠、注意力不集中、强迫行为等生理异常现象，因为健康的生理是健康心理的基础。

第二节　大学生心理发展的特点与影响因素

　　要提高大学生的心理健康水平，必须了解个体的生理心理发展规律，认识大学生心理发展的特点及影响因素。这也是有针对性地开展大学生心理健康教育的前提。

一、个体的生理心理发展规律

　　在人的成长过程中，生理和心理状况随时间推移而不断变化发展。个体的身心发展在成长的岁月中呈现出一定的规律性。而对个体生理发展过程及心理发展特点的探索与研究，将使人们更清楚地了解自我成长特点，以便更好地发展。

　　个体的生理发展过程是一种个体按照自身预定的程序和节奏而自然成熟、成长的过程。从生理学角度分析，人的一生可分为胎儿期、婴儿期、童年期、青年期、成年期和老年期。在人的生长发育过程中，一般说来有两个生长发育的高峰时期，第一个高峰期是人体形成的重要时期——胎儿期；第二个高峰期是人体成熟的时期——青春期，它是人体发育的转折时期和定型时期。从青春期开始，我们认识到自己开始长大了：体态发育基本稳定；体内机能趋于完善；性器官、性机能基本发育成熟；大脑及神经系统也基本发育成熟。心理是人的大脑及神经系统的机能，大学生身体发展特别是大脑生长的状况，为心理的进一步发展和完善提供了物质基础。

　　关于个体心理发展，一般认为，个体心理发展中会表现出一定的年龄特征，人一生心理发展的阶段是：胎儿期、新生儿期、婴儿期、幼儿期、童年期、少年期、青年期、中年期和老年期。人们心理机能的发展呈现出阶段性。婴儿期是人的动作和言语发展的关键期。幼儿期是人的智力发展的关键期。儿童期是人的个性形成和培养学习品质、道德品质的关键期。青年期是价值观、人生观形成的关键期。成年期认识方式趋于稳定、思维习惯得以形成。而进入老年期，心理机能会逐渐衰退。艾瑞克·埃里克森（Erik Erikson）认为，个体还必须成功地通过一系列的心理社会性发展阶段，每个发展阶段都会出现一个主要冲突或危机，虽然每个危机不会完全消失，但如果个体想要成功应对后面发展阶段的冲突，就需要在特定阶段充分地解决这个主要危机。同时，个体的心理发展也是一个社会化的过程。社会化是个体掌握和积极再现社会经验、社会联系和社会关系的过程。社会化过程是人类学会共同生活和彼此有效交互作用的过程，也是个体与社会环境交互作用的过程，见表4-1。

表4-1　个体生理发展阶段与心理发展变化

年龄阶段	特定危机	对待危机的不同品质	
		积极解决	消极解决
出生至18个月	信任—不信任	安全感	恐惧
18个月至3岁	自主（自动行动）—羞怯怀疑	自我控制	自我怀疑
3~6岁	主动（自动自发）—内疚（愧疚）	自信	无价值观
6~12岁	勤奋—自卑	能力和智慧	缺乏能力感
青年期 12~18岁	同一性—角色混乱	自我认同	不确定感
成年初期 18~30岁	友爱亲密—孤独	亲近他人	泛爱（滥爱） 过分自我专注
成年中期 30~60岁	繁殖—停滞	关心他人	自私自利 沉溺于自身之中
成年晚期 60岁以后	完美无憾—悲观绝望	满足感	失望

可以说，生理发展促进心理发展，而正常的心理发展，有利于生理发

展。两者相互依存，互相促进。

二、大学生心理发展的阶段及特点

从发展心理学的角度看，大学生的心理发展处于个体心理发展的青年期。这一时期是心理上逐步走向成熟但还没有真正成熟的时期。在大学阶段，大学生开始设计自己的未来，是人生观、世界观开始形成的时期，个体真正开始成为独立的社会成员。知识的扩充、认知的发展和自我意识的趋于成熟，使这一时期成为人们一生中最具活力、最有朝气、最富想象的时期。整个大学阶段，大学生的心理发展又可分为适应准备阶段、稳定发展阶段、走向成熟阶段。大学新生一般处在适应准备阶段，他们遇到的新问题最多，各方面会产生诸多的不适应。但大学生心理发展过程中适应准备阶段的时间长短是因人而异的，短则两三个月，长则一两年。适应准备阶段之后，大学生的心理发展会进入稳定发展阶段。在这个阶段并非没有心理问题，如大二学生学习问题最突出，其次是人际关系问题，也不乏人际关系与恋爱问题的困扰；大学三年级学生的未来发展成为突出问题。只不过在这一阶段，他们已适应大学生活学习环境，容易取得社会支持，并有了一定的自我调适能力。稳定发展阶段之后，大学生的心理发展会进入走向成熟阶段。处于这一阶段的大学生基本上能较好地处理自己遇到的困惑或问题，而在碰到自己难以解决的问题时，能选择正确的求助方式。

当代大学生表现出与以往任何一个年代大学生都不尽相同的心理面貌、心理矛盾、心理问题和心理发展优势。

当代大学生的心理面貌出现了三大转变，即从闭锁转向开放，从依赖转向独立，从关心书本转向关心社会。以往任何一个年代的大学生都没有当代大学生这样思想开放。21世纪的大学生不像20世纪60~70年代的大学生那样服从领导、依赖学校，而有了很强的独立意识；更不像以往大学生那样"两耳不闻窗外事，一心只读圣贤书"，而转向关心社会，特别是关注社会对自我发展的影响。当代大学生的心理面貌突出表现为价值观念多元化、需要结构多样化、个性发展自主化、学习行为实用化。

当代大学生是一个充满心理矛盾的青年群体。由于他们的人生经历基本上是从学校到学校，缺乏必要的社会生活经验和实践锻炼，在心理发展过程中存在着明显的两面性，而且各方面的心理发展很不平衡，往往容易产生各种各样的心理矛盾与冲突。他们普遍存在的内心矛盾主要有：闭锁性导致的孤独感与强烈的交往需要之间的矛盾，渴求自主独立与情感物质依赖之间的矛盾，强烈求知欲与识别能力不强之间的矛盾，情绪情感冲动与理智调控约束之间的矛盾，美好的愿望理想与当前现实不如意之间的矛盾，强烈的性意识、性冲动与正确处理异性之间关系、性道德之间的矛盾。同时，他们的心理矛盾具有复杂性。面对各种压力和诱惑，当代大学生心理世界的双趋冲突、双避冲突和趋避冲突比比皆是，往往是多重心理矛盾交织在一起。由于心理矛盾的多样性、复杂性和心理冲突的加剧，当代大学生在心理上也出现了一些发人深省的新问题。心理幼稚者、自我中心者、人格分裂者、网络成瘾者、精神空虚者都在他们中出现了，这些问题既影响他们精神生活的质量，也影响智力的发挥。图4-3表现了大学生心理矛盾的复杂性。

当然，当代大学生中也不乏自信自强、乐于奉献、意志坚强、思想进取的优秀者，大学生的心理状况基本上是好的。我们清醒地认识到，青年期是人们智力因素发展的黄金时期，也是非智力因素发展的关键时期。大学生较其他年龄段的人们更有其心理发展优势。作为当代大学生，我们既不必沾沾自喜于自己心理上的种种优点，也不必忧心忡忡于自己心理上存在的种种不足和缺点，因为这都是社会和时代的产物。我们应抓住青年期的心理发展优势，跟随时代前进的步伐，扬优弃劣、扬长避短。

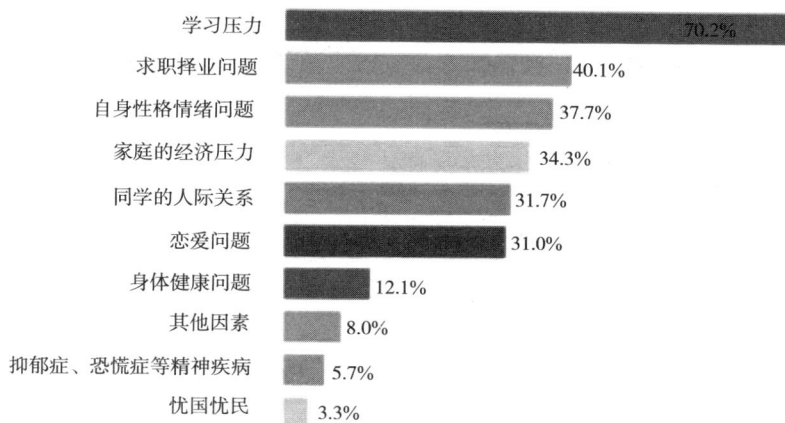

图4-3　大学生心理压力因素调查

三、影响大学生心理健康的因素

影响大学生心理健康的因素体现在多方面，归纳起来可以分为个人内在因素和外在环境因素。

（一）个人内在因素

1．个人生理方面的因素

（1）遗传因素。遗传是生物界共有的普遍现象。一般来说，心理活动是不会遗传的，它主要是在后天的社会环境影响下，在社会实践活动中形成和发展起来的。然而，作为一个整体的人与遗传的关系又十分密切，尤其是一个人的体型、气质、神经系统的活动特点及能力等的某些成分直接受到遗传因素的影响。

（2）身体健康状况。各种躯体疾病会使人烦恼，敏感多疑，行为控制力下降，尤其是慢性病或久治不愈的疾病更容易导致严重心理障碍的产生。

（3）内分泌系统。青春期是内分泌腺体活动加剧、激素分泌旺盛的阶段，某一种腺体活动失调会影响人的心理活动。青春期的性发育也是影响人的心理健康的一个不可忽视的因素。性发育给青少年带来最初的性心理冲击。

2．个人心理方面的因素

（1）人格因素。人格是个体在与环境相互作用过程中所表现出来的独特的行为模式。一个人在其成长发展过程中，如果受到家庭、学校、社会不良因素的影响，则可能出现人格发展缺陷（某方面过分发展，某方面发展不够等），严重的可能出现病态人格。心理学的研究表明：人格（个性）结构存在严重缺陷的人，社会适应力低，心理健康水平低。在遭遇外部刺激时，常会产生严重应激，产生心理问题。

（2）心理素质。大学生活也不是一帆风顺的，所谓"人生逆境十之八九，顺境十之一二"，大学生随时都会在学习、生活、交友、恋爱、择业等方面遇到各种各样的困难。心理素质脆弱，尤其是缺乏自制力与挫折承受力的人，容易导致心理问题的发生。

（二）外在环境因素

1．社会因素

人的心理品质的形成是与特定的社会条件相适应的。当社会生活条件发生变化，人不能做出相应的调整而出现社会关系失调时，就有可能导致心理问题发生。社会经济制度的巨大变革，多元化文化价值观念的冲击，社会的竞争激烈，以及知识更新快，成才周期缩短等因素，给大学生带来了巨大的心理压力。对于大学生来说，社会、家庭寄予他们很高的期望，这种高期望对大学生的压力也是巨大的。在这些巨大的压力之下，他们又常常觉得缺少社会的支持，因此自然会感到压抑、苦闷、茫然。

2．家庭因素

家庭的影响主要包括家庭的氛围、父母的教养态度、家庭结构及家庭经济状况四个方面。家庭是人生的奠基石，父母是孩子的第一任教师，对学生的成长与成才的影响是长久而深远的。家庭的氛围是良好心理素质形成的前提，家庭成员间的语言及人际氛围，直接影响着家庭中每个成员的心理，对个性逐渐成熟的大学生影响更具有特别的意义。父母的教养态度和教育方法直接影响孩子的行为和心理，民主、平等而非命令、居高临下的，开明而非专制的，潜移默化而非一味娇宠的教养态度与教育方法有利于学生心理的健康发展。家庭结构的变化如单亲家庭、重新组合家庭等因素必然会对正在读书的大学生心理有一定影响。家庭经济状况不佳，特别是困难甚至贫困家庭的学生易产生心理不适感。

3．学校因素

学校环境是大学生日夜生活的场所，因而校园文化对大学生心理健康的影响是直接而深刻的，体现在以下方面：

一是人际关系的复杂化。大学是集体生活，然而一些大学生常以自我为中心，容易造成人际摩擦。同时，大学生心理的闭锁性，在寻求友谊中表现出对他人的苛求、交流的被动性等会造成人际间的疏离；在人生观方面流露出消极性，如认为人是自私、虚伪的等，也妨碍着人际交往的进行。

二是学习生活的紧张化。大学生心理上的紧张和压力一方面来自繁重的学习任务以及需要应付的各种考试，另一方面来自同学之间的竞争以及社会责任感等。适当的紧张与压力对一个人成才是必要的，但如果超过一定限度，成为一种心理负担时，就会影响心理健康。

第三节　大学生心理健康测量与评价

大学生的心理健康是其成长成才的必要因素。本节首先介绍了在大学里常用到的评估大学生心理健康的量表，如《症状自评量表》、明尼苏达多项人格测验、焦虑和抑郁自评量表、艾森克人格问卷、卡特尔 16 种人格因素问卷等。其次分析了这些问卷的构成、评分方法以及使用的注意事项等。最后，用心理测验的形式来数量化大学生的心理健康是存在缺陷的，需要正确地对待量表测量出来的结果，结合实际综合来评估大学生的心理健康（大学生心理健康测量评价表见附录四）。

一、《症状自评量表》(SCL–90)

1. SCL–90 简介

自 20 世纪 80 年代以来，心理学工作者就以该问卷为主要的心理健康的测量工具，并且取得了很多研究成果。SCL–90 一共有 90 个项目，每个项目是五点记分：1~5 分别是无（自己感觉没有该项症状）、轻度（自我感觉该项症状有但不多）、中度（自我感觉该项症状严重度是中度）、相当重（自我感觉该项问题严重）、严重（自我感觉有十分严重的该项症状表现）。项目中包含了很多精神病症状学的内容。90 个项目分为 9 个因子（强迫、敌对、恐怖、偏执、人际关系敏感、抑郁、焦虑、躯体化、精神病性），一般认为因子分（组成某一因子的各项目总分除以该因子的项目数）≥ 2 分，被试存在中度以上的心理问题。在被试正式填写问卷之前，主试应把量表的评分方法和要求跟被试说清楚，引导被试认真阅读量表上的指导语。强调量表中列出的问题是有些人可能出现的，根据自己这一周的情况是否有过这些问题或感受。

2. SCL–90 使用的误区

该问卷主要适用于精神科或非精神科的成年门诊病人，同时该问卷是按照精神病的相关症状编制的，对精神病院的住院病人有很好的自评效果。但用 SCL–90 测量大学生心理健康的结果的有效性还是有待于有效的校标进行检验。再加上 SCL–90 的编制者及其修订版的研究者的初衷也不是用来测量心理健康状况。SCL-90 测量的是某一时间段的状态，而某一时间段的心理状态也和这段时间所经历的生活事件或者应激有关，这样也影响到测量的有效性。同时在某一特定的生活事件中，某一因子的得分高不一定不说明有问题，得分低反而说明有问题，比如面临重大的压力事情，某项因子的得分偏高反而是正常的。

二、明尼苏达多相人格问卷中文版（MMPI-2 中文版）

明尼苏达多项人格测验（MMPI）是由美国明尼苏达大学的心理学家哈撒韦（Hathaway）和精神科医生麦金利（Mckinley）于 1940 年编制而成，可以用于测试正常人的人格类型，也可以用于区分正常人和精神疾病患者。MMPI-2 中文版是中科院心理研究所张建新等在美国 MMPI 2 的基础上修定的。我们经常采用的是 MMPI-2 中文版，共有 13 个量表，其中包括三个效度量表：说谎量表（L）是追求尽善尽美的回答，L 量表原始分超过 10 分，结果不可信；诈病量表（F）高分表示受测者不认真、理解错误，表现一组无关的症状，或在伪装疾病，F 量表是精神病程度的良好指标，其得分越高暗示着精神病程度越重；校正量表（K）一是判断被试对测验的态度是否隐瞒或防卫，二是修正临床量表的得分。

MMPI-2 中文版 10 个临床量表：疑病（Hs）——对身体功能的不正常关心；抑郁（D）与忧郁、淡漠、悲观、思想与行动缓慢有关；癔病（H）——依赖、天真、外露、幼稚及自我陶醉，并缺乏自知力：精神病态（Pd）——病态人格（反社会、攻击型人格）；男性化—女性化（Mf）——高分的男人表现敏感、爱美、被动、女性化，高分妇女看作男性化、粗鲁、好攻击、自信、缺乏情感、不敏感，极端高分考虑有同性恋倾向和同性恋行为；妄想狂（Pa）——偏执、不可动摇的妄想、猜疑；精神衰弱（Pt）——紧张、焦虑、强迫思维；精神分裂（Sc）——思维混乱、情感淡漠、行为怪异；轻躁狂（Ma）——联想过多过快、观念飘忽、夸大而情绪激昂、情感多变；社会内向（Si）——高分者内向、胆小、退缩、不善交际，低分者外向、爱交际、富于表现、好攻击、冲动、任性、做作、在社会关系中不真诚。

对于 MMPI 的记分方法是分别计算各分量表的原始分，对其中的五个分量表加 K 分校正（Hs+0.5K、Pd+0.4K、Pt+1.0K、Sc+1.0K、Ma+0.2K）。各个分量表的原始分转换成 T 分数，T=50+10（X–M）/SD（X 是原始分、M 受测人的原始分—该人所在组的平均分数、SD 所在组的分数的标准差）。在我国，T 分数达到 60 以上为异常。

三、焦虑、抑郁自评量表（SAS、SDS）

1. 焦虑自评量表（SAS）

SAS 是 1971 年由仲克（Zung）编制的，共有 20 个项目，分别从感觉、肢体表现、生理反应等测量焦虑程度。该量表主要评定项目所表述的症状的频率，分四级评分，1 代表没有或很少有、2 代表少部分时间有、3 代表相当频繁、4 代表绝大部分或全部时间都有。标准分小于 50 分无焦虑、50 分及以上至 60 分以下轻度焦虑、60 分及以上至 70 分以下中度焦虑、70 分及以上重度焦虑。

2. 抑郁自评量表（SDS）

SDS 也是仲克（Zung）在 1965 年编制的，从量表的构成形式到评分方式，都与焦虑自评量表相似，用来评定被试的主观感受。对于结果的评定的指标是抑郁严重程度指数（题目累计分 /80），指数在 0.5 以下者为无抑郁，0.5 ~ 0.59 为轻微至轻度抑郁，0.6 ~ 0.69 为中至重度抑郁，0.7 以上为重度抑郁。

四、艾森克人格问卷（EPQ）

EPQ 是英国伦敦大学人格心理学家艾森克教授带头经过大量的实验研究，综合先前几个调查表修改发展而来的。包括四个维度：E– 内外向、

N- 神经质、P- 精神质、L- 谎造或自身隐蔽（即效度量表）。根据外向性
维度可以把人格分为外向型和内向型；根据情绪稳定性可以把人格分为情
绪型和稳定型；根据精神质可以把人格分为精神失调型和精神整合性，得
分高的人喜欢刺激和不顾危险地干奇特的事，需要说明的是这一维度并不
是指精神病，这样的特质在每个人身上都有不同程度的存在，就是如果比
较明显的话，容易发展成行为异常。对于 EPQ 的记分，是根据被试在各个
维度上的得分，根据常模算出标准分 T 分 T=50+10（X−M）/SD（X 是原始
分、M 受测人的原始分—该人所在组的平均分数、SD 所在组的分数的标
准差）。这样便可分析受测者的个性特点。各量表 T 分在 43.3 ~ 56.7 分为
中间型，T 分在 38.5 ~ 43.3 分或 56.7 ~ 61.5 分为倾向型，T 分在 38.5 分
以下或 61.5 分以上为典型。

五、卡特尔 16 种人格因素问卷（16PF）

16PF 是卡特尔对奥尔波特所搜集的所有描述人格的词加以因素分析，
得到 16 种相互独立的人格特征，最后编制而成的问卷。问卷共 187 个项
目，每 14 个项目共同测一种人格因素（分别是乐群性、稳定性、敏感性、
独立性和自主性等）。16PF 测量的是人格的稳定性水平，心理健康包括了
心理调节的能力和心理状态两个部分。16PF 就能很好的测量心理调节能
力，因为该问卷的心理健康因素主要反映被试稳定的心理调节能力。所以
16PF 也能用于而且也经常用于心理健康的调查。对于评分方式，采用的是
1~10 的标准分：1~3 是低分，解释为在该人格因素上是低分特征；4~7 是
平均分，解释为在该人格因素上是平均特征；8~10 是高分，解释为在该人
格因素上是高分特征。

第四节　运动促进心理健康的路径与内容

一、运动如何促进心理健康

运动是怎样促进心理健康的？至少有 6 种不同的理论可以解释两者的相互关系，包括成就感和自信心的提高、社会因素的作用、释放生活压力、改变脑部结构和化学物质、提高体内镇静物质水平可以产生良好的情绪。以上因素综合在一起，均可证明规律性运动可以提高心理健康水平。

1. 自我成就感

当人们开始并且坚持进行有规律的运动计划时（虽然许多人认为有困难），会随之产生成就感和自信心，换句话说，就形成了一种"我能做它"的态度。

2. 社会因素的相互影响

通常运动是与其他人一起进行的，在运动中可以产生友谊，发生有趣的事并会引起个人的注意，研究人员觉得这些社会性的因素将有利于提高心理健康水平。

3. 分散注意力

这个论点是指运动会使人从日常的生活压力中脱离出来，可以提高人体的情绪状态。

4. 提高大脑的健康水平

有人认为有氧练习可以提高脑部血流和氧气的输送，提高心理健康水平。动物研究表明，有规律的运动可导致脑部结构发生持久性的变化，包括产生额外的血管分支和神经末梢，而且运动训练可以明显地改变脑电波的活动，但是要想搞清楚运动影响大脑的具体机理还需要大量的研究。

5.改变脑部的化学物质

脑部分泌多种化学物质或神经介质，还有血清素、多巴胺和去甲肾上腺素等。已经证明这些物质的失调与抑郁症及其他的心理障碍有关。运动可以通过维持脑内这些物质的正常水平来预防和治疗抑郁症。

6.提高体内的镇静物质

在剧烈的运动中，脑垂体分泌鸦片肽类物质（β内啡肽）的能力提高。

科研人员在对人体进行实验研究后，认为以上这些因素在某种程度上都可以改善心理健康状况，虽然对于运动怎样提高心理健康水平的机理还不清楚，但专家们一致认为，参加有规律的体育运动对心理健康水平的提高是大有好处的。

二、运动的内容

运动的内容方法有多种，可遵循体育锻炼的原则来选择合适的体育内容。

体育锻炼按照其锻炼结果最终达到的目的可以分为以下几类。

1.健身运动

健身运动是指为了保证身体正常发育、身体各部分协调发展，增进健康、增强体质而进行的体育锻炼。通过锻炼发展人体各器官系统的机能，发展人体身体素质以及提高身体的基本活动能力，从而达到丰富业余生活，提高工作学习效率和延年益寿的目的。

健身运动一般多以有氧代谢为主，对运动量的控制要求较高。健身运动包括远足、自行车、慢走、登山等。

2.健美运动

健美运动是人们为了追求人体的健美而进行的体育锻炼。健美运动不仅可以增进健康，使内脏器官系统的机能得以发展提高，还可以改善人体形态和气质，培养人的审美能力和人体的表现力。健美运动包括健美操、瑜伽、艺术体操以及一些器械练习等。

3. 休闲体育

休闲体育是为了调节精神、丰富生活、增进健康、度过余暇时间而开展的具有鲜明娱乐性质的体育活动，可以使人体得到锻炼，陶冶情操。休闲体育包括台球、保龄球、网球、门球、踢毽子、爬山等。

4. 竞技体育

竞技体育的目标是全面发展身体，提高运动技术水平，主要包括田径、球类、体操、游泳等。此外还包括一些骑马、攀岩等探险运动。

拓展阅读

1. 对心理咨询的误解

（1）心理咨询就是聊天，不如找朋友——咨询不是简单的聊天，而是有技术含量的"聊天"，咨询师的任务不是说服你，而是助人自助。

（2）心理咨询就是浪费时间，没用——所谓磨刀不误砍柴工，有时候打开了心结，做事效率会高很多。

（3）心理脆弱的人才会去心理咨询——求助是强者的行为，成功人士往往都懂得求助。

（4）有问题扛一扛就过去了，不用去心理咨询——关注今天的心理健康就是为明天的健康买保险，不要等到问题很严重了才去解决它。

（5）去找心理咨询师的人都是不正常的人——心理咨询面对的大部分工作对象是正常人，是那些希望获得更多成长，或在某方面表现更好的人，这部分工作对象和疾病一点儿关系都没有。

（6）一个人得了心理问题就完蛋了，要躲他远远的——关注他人的心理健康就是为建设和谐生存环境做贡献，对他人伸出援助的手，表示接纳和尊重，就是在为自己的和谐生存环境做贡献。

2. 心理咨询适应的人群

心理咨询的主要对象可分为两大类：一是正常人群，遇到了与心理有关的现实问题并请求帮助的人群，或者是希望在某一方面做得更好的人群；二是存在心理问题，但是并非精神异常的人群。

心理咨询最一般、最主要的对象，是健康人群，或者是存在心理问题的亚健康人群，而不是人们常误会的"病态人群"。病态人群是指如精神分裂症、抑郁症等患者，是精神科医生的工作对象。

3. 哪些问题可以通过心理咨询解决

健康人群会面对诸如婚姻家庭、择业、亲子关系、子女教育、人际关系、学习、恋爱性心理、自我发展、情绪管理、压力应对等问题，他们会期待做出理想的选择，顺利地度过人生的各个阶段，求得内心平衡，以及自身能力的最大发挥和寻求良好的生活质量。这时他们就可以寻求心理咨询的帮助。

个体碰到的问题分为两种：发展性问题和障碍性问题。

发展性问题，就是在某一发展阶段遇到的问题，如果不能顺利完成这个发展阶段的任务，就可能会出现问题，这些问题是常人都可能会遇到的。每个人都需要适应发展阶段的任务，增进身心健康、提高生活质量、实现自我价值是心理咨询的宗旨。如生涯规划、恋爱关系、新生入学适应、人际关系等，这些都属于发展性问题。

障碍性问题，是人们在生活、学习、工作及各种人际关系中出现的困难和烦恼，心理难以适应，导致较严重的心理障碍问题。

心理咨询主要解决的是发展性问题。心理咨询帮助来访者了解自己处在什么样的发展阶段，需要发展哪些心理品质，以及怎样发展这些心理品质，以便顺利地发展自己，以取得更大的成功。重点在帮助来访者更好地认识自己和社会，增强社会适应能力，充分开发潜能，促进人的全面发展，促进早日成功和成才。

4. 做自己的心理咨询师

生活中每个人都会遇到一些心理困惑，因此应掌握一些心理调适的方法，帮助自己调出好心情，享受生活的快乐，成为自己的心理咨询师。

（1）善待自己的心灵。学习一些心理学知识，掌握一些心理调解方法，随时调适自己的心情，善待自己的心灵。

（2）在困惑中成长。人生永远不可能摆脱压力和困惑，人生之海总是因有波澜才有气势，生活之路总是因为有艰难的处境和挫折才有动人的故事。当我们经历每一次的困惑和烦恼时，若把它作为个人成长和发展的机会，我们就会积极面对，找到解决它们的方法，我们就能成长成熟了。

（3）换一种思考问题的方式。许多类似的心理困扰都与封闭、简单、绝对化的思维方式有关。如果我们不再固执地坚持自己惯有的思维方式，而采用开放、弹性的思维方式思考问题，也许烦恼会变成快乐。转换一种思考问题的方式，每一种困惑都可以找到解决的方案。

拓展训练

心理活动体验

活动一　我想有个家

1. 活动目的

让成员体会和感受个人和团体的关系，团体对个人的重要性，从而更愿意投入团体，增强团体的凝聚力。

2. 具体操作

（1）开始时让全体围圈拉手，充分体会大家在一起的感受。

（2）指导员说："变，4人一组。"成员必须按照要求组成4人组，形成新家。以此类推，5人一组，7人一组等。

3. 分享

无家可归的人有孤独无助的感觉。人是社会的人，我们渴望被他人接纳，彼此关心帮助。离开了集体，我们会失去安全感。大家从五湖四海来到这里，组成了我们的新家庭。在这里，很多人是第一次离开父母，学院就是你的家。如果我们中间的哪位同学生病了，或是遇到困难了，希望大家要关心他、帮助他，这样相互支持帮助的家的感觉是很温暖的。营造一个温暖和谐的集体人人有责，在集体里我们可以获得支持、关心、归属、荣誉和安全感。

活动二　连环自我介绍

1. 活动目的

促进成员之间相识，拓展交往范围。

2. 活动时间

30min。

3. 具体操作

（1）以 6～8 人为一组，大家围圈而站。

（2）从其中的一人开始，每人用一句话介绍自己。这句话中必须包括姓名、籍贯和性格爱好。

（3）当第一个人讲完后，第二个人必须从第一个人开始讲起。规则是：后说的人必须把前面所有的成员的信息包括进去。

（4）接下来，每位成员在自我介绍时都要把其余同组成员的信息都包含进去。

A：我是来自益阳喜欢读书的 A。

B：我是来自益阳喜欢读书的 A 旁边的来自邵阳喜欢踢足球的 B。

C：我是来自益阳喜欢读书的 A 旁边的来自邵阳喜欢踢足球的 B 旁边的来自娄底的喜欢唱歌的 C。

活动三　七手八脚

1. 活动目的

培养小组成员的合作精神。

2. 材料

纸、笔。

3. 具体操作

（1）将成员分成若干个小组。

（2）请大家为自己的小组取个名字，设计一个小组口号。然后为小组创作一首组歌，要求组歌中应包含每个人的名字或用每个名字中的某个字也行。接着为自己的小组画一幅画，内容包括小组名称、小组组标、小组特点等。

（3）活动结束后，请大家欣赏每一个小组所画的画，每个小组上台展示给大家。

第五章
大学生营养与健康

学习目标

掌握大学生在饮食生活方面应遵循《中国居民膳食指南》哪几条原则。

了解当前大学生中常见的不良饮食行为。

了解合理营养对大学生的意义。

了解大学生应该保持哪些膳食行为。

思政之窗

5月20日为中国学生营养日。大学生是社会人群中一个比较特殊的群体，处在人生中一个相对重要的年龄阶段，因其心理、生理及学习任务繁重等特点，对营养的需求也是比较特殊的。但就目前看来，我国大学生对营养的来源和食物分类了解比较少，不懂得如何搭配营养，所以存在诸多营养方面的问题，这些问题将影响大学生的成长和学习。因此大学生迫切需要掌握一定的营养知识，形成良好的饮食习惯。合理地摄入营养不仅可以促进生长发育，体质强壮健美，精神饱满，还能促进他们身心健康发展和预防某些疾病的发生。

第一节　大学生合理营养与饮食习惯

一、我国大学生的营养与饮食状况

2014 年全国学生体质与健康调研结果显示：城乡学生营养不良检出率进一步下降；中小学生身体素质继续呈现稳中向好趋势，大学生身体素质继续呈现下降趋势；肥胖检出率持续上升。

虽然大学生营养不良检出率呈下降趋势，但现状依旧不容乐观。造成大学生营养不良问题的关键因素不是食物匮乏或膳食来源不足，主要是不健康的饮食行为，如不吃早餐，偏食，挑食，过多吃零食、油炸食品、烟熏烧烤类食物，肉类、奶类、水果、蔬菜摄入量不足，用饮料代替白开水等。另外，由于缺乏营养知识及对体形美的错误认知等原因，很多学生采用不科学的控制体重（减肥）行为，也是导致营养不良和低体重的重要因素。为此，我国出台了促进学生营养与健康的政策和措施，为青少年健康饮食行为习惯的养成提供政策和环境保障。

二、合理营养与膳食指南

人体必需的营养素是存在于不同的食物中的，每类食物为机体提供的主要营养素是不同的，没有一种天然食物能满足人体对所有营养素的需要。因此，我们每天要吃多种食物来满足营养需要。只食入单一品种的食物对于营养素的摄取是不利的，长此以往，会造成机体某类营养物质的缺乏，导致营养不良，从而影响生长发育和身体健康。

合理营养是指人们通过膳食得到保证人体生理需要量的热能和营养素，并且在各种营养素之间建立起一种生理上的平衡。合理营养是健康的物质基础，而平衡膳食是实现合理营养的根本途径。图5-1为含有身体所需各种合理营养的食物。

图5-1　含有身体所需各种合理营养的食物

（一）平衡膳食

通常将由多种食物构成的，营养素种类齐全、比例合理、数量充足的膳食称为平衡膳食。从营养学角度来看，一般将食物分为五大类（也叫五个食物群），即谷类及薯类、动物性、豆类及其制品、蔬菜和水果类、纯热能食物。每天的膳食应来自五大类食物的合理组成。在每个食物群中，还应选择不同的食物互相搭配食用。例如，选择富含维生素和矿物质的水果时，不能只吃一种水果，应当吃多种水果，这也叫作同类互换的原则。合理搭配的平衡膳食能够提供每天所需的营养素种类和充足的数量。

拓展阅读

构成五大类食物的分类及其与营养素来源的关系

第一类：谷类及薯类。谷类包括米、面、杂粮，薯类包括马铃薯、红薯等，主要提供碳水化合物、蛋白质、膳食纤维及 B 族维生素。

第二类：动物性食物，包括肉、禽、鱼、奶、蛋等，主要提供蛋白质、脂肪、矿物质、维生素 A 和 B 族维生素。

第三类：豆类及其制品，包括大豆（俗称黄豆）、其他干豆及其制品，主要提供蛋白质、脂肪、膳食纤维、矿物质和 B 族维生素。

第四类：蔬菜、水果类，蔬菜包括鲜豆、根茎、叶菜、茄果等，水果包括苹果、柑、橘、杏、枣等，主要提供膳食纤维、矿物质、维生素 C 和胡萝卜素。

第五类：纯热能食物，包括动、植物油，淀粉，食用糖和酒类。主要提供能量，还可提供维生素 E 和必需脂肪酸。

（二）《中国居民膳食指南》

大学生在饮食生活方面，应遵循《中国居民膳食指南》的 6 条原则，合理进食，获得充足营养。《中国居民膳食指南（2016）》要点简介如下。

1.食物多样，谷类为主

每一种食物都有不同的营养特点，因此只有多种食物组成的膳食才能满足人体对能量和各种营养素的需要。每天的膳食应包括谷类、蔬菜水果类、畜禽鱼蛋奶类和大豆坚果类。建议平均每天摄入 12 种以上的食物，每周 25 种以上。

以谷类为主（如图 5-2 所示为谷类食物），日常膳食中来自谷类食物的能量应达到人体需要能量的一半以上。这样的膳食模式，既可提供充足的能量，又可避免摄入过多的脂肪及含脂肪较高的动物性食物，有利于预防相关慢性病的发生。因此在每天的膳食中，吃饭应以主食和蔬菜为主，肉、蛋、豆腐这些富含蛋白质的食物每天总量应不超过 200g。另外，要注意粗细搭配，经常吃一些粗粮、杂粮和全谷类食物：一是要适当多吃一些传统上的粗粮，如小米、玉米、荞麦、薏米、红小豆、绿豆等；二是要少吃精制白米面，因为这些精白米面由于过分加工，表层所含维生素、矿物质等营养素和膳食纤维大部分都流失到了糠麸之中。大学生无论在学校还是家里吃饭，都应以米饭、馒头、面条等为主食，在外就餐尤其聚餐时，不能只点肉菜和酒水。

图5-2　谷类食物

谷类食物含有丰富的碳水化合物，是提供人体所需能量的最经济、最重要的食物来源。我国居民膳食中 50% 以上的能量、蛋白质、B 族维生素、烟酸、锌和镁，40% 的铁和 30% 的钙都是来自谷薯类及杂豆类食物。坚持以谷类为主，特别是增加全谷物的摄入，还有利于降低 2 型糖尿病、心血管疾病、结直肠癌等的发病风险。

2.吃动平衡，健康体重

体重是评价人体营养和健康状况的重要指标，而吃和动是影响体重的两个主要因素。吃得过少、运动过量，由于能量摄入不足、消耗过多，导致营养不良、消瘦、体虚乏力，增加患感染性疾病风险；吃得过多、运动不足，则因能量摄入过量、消耗过少，造成超重、肥胖，增加患慢性病风险。因此鼓励多动会吃，不提倡少动少吃，忌不动不吃。为维持能量平衡保持健康体重，各年龄段人群都应该坚持天天运动。推荐每周至少进行 5 天中等强度的身体活动，如健步走、跳舞、打羽毛球、游泳等，累计 150 分钟以上。同时坚持日常身体活动，尽量减少久坐时间，每小时都要起来动一动，如充分利用课间休息做做体操、室内外走一走，或步行上下班等，增加"动"的机会。

3. 多吃蔬果、奶类、大豆

蔬菜水果是维生素、矿物质、膳食纤维的重要来源，且能量低，对于满足人体微量营养素的需要，保持肠道正常功能以及降低肥胖症、糖尿病、高血压等慢性病的发生风险和预防胃肠道癌症等具有重要作用，由此提倡餐餐有蔬菜，天天吃水果，保证每天摄入 300 ~ 500g 蔬菜（其中深色蔬菜应占 1/2），200 ~ 350g 新鲜水果（不能用果汁代替）。图 5-3 为各种蔬果。

图5-3　各种蔬果

奶类富含钙，也是优质蛋白质和维生素 A、D、B_2 的良好来源，其中的乳糖还能促进钙、铁、锌等矿物质的吸收。奶类摄入在促进儿童少年生长发育和成人骨健康等方面起重要作用，男女老少都应坚持天天喝奶，乳糖不耐受者宜喝酸奶。大豆富含优质蛋白质、必需脂肪酸、维生素 E，并含有大豆异黄酮、植物固醇等多种植物化合物，有防治高血压、动脉硬化、维护大脑和神经系统正常活动等作用，所以要经常食用大豆和豆制品，如豆腐、豆干、豆浆、豆芽等都是不错的选择。图 5-4 为奶类及豆制品。

图5-4　奶类及豆制品

4.适量吃鱼、禽、蛋、瘦肉

鱼、禽、蛋和瘦肉可提供人体所需要的优质蛋白质、维生素 A 和 B 族以及铁、锌等微量元素，是平衡膳食的重要组成部分，但因含较多的饱和脂肪酸和胆固醇，可增加肥胖、心血管疾病的发生风险，摄入量不宜过多。

在各种肉类中，鱼类脂肪量相对较低，且含有较多的不饱和脂肪酸，对预防血脂异常和心血管疾病等有一定作用，可首选；禽类脂肪含量也相对较低，且其脂肪酸组成优于畜类脂肪，可次选；吃畜肉应以瘦肉为主。烟熏和腌制肉风味独特，但制作过程中易遭受多环芳烃类和甲醛等多种有害物质的污染，过多摄入可增加某些肿瘤的发生风险，应当少吃。

有些人不爱吃蛋黄，或担心增高胆固醇不吃蛋黄，其实蛋黄是蛋类中的维生素和矿物质的主要来源，尤其富含磷脂和胆碱，对健康十分有益，尽管胆固醇含量较高，但若不过量摄入对健康是无碍的，因此吃鸡蛋不要丢弃蛋黄。动物内脏如肝、肾等，含有丰富的脂溶性维生素、B 族维生素、铁、硒和锌等，适量摄入可弥补日常膳食的不足，建议每月食用 2 ~ 3 次。图 5-5 为鱼、畜禽肉食品。

图5-5　鱼、畜禽肉食品

上述食物的推荐量：每周吃鱼虾等水产品280～525g，畜禽肉280～525g，蛋类280～350g，平均每天摄入鱼、禽、蛋和瘦肉总量为120～200g。

5. 少盐少油，控糖限酒

我国多数居民日常食盐、烹调油和脂肪摄入量过多，成为高血压、肥胖和心脑血管疾病等发病率居高不下的重要因素，因此应当培养清淡饮食习惯，成人每天食盐不超过6g，烹调油25～30g。过多摄入糖可增加龋齿和体重超重发生的风险，推荐每天摄入糖不超过50g，且最好控制在25g以下。儿童少年、孕妇、乳母不应饮酒，成人如饮酒，一天饮酒的酒精量男性不超过25g，女性不超过15g。

6. 杜绝浪费，兴新食尚

勤俭节约是中华民族的传统美德，虽然我国人民逐步富裕，但是珍惜食物、杜绝浪费、尊重劳动仍然是每个人必须遵守的原则。平时生活中应按需选购食物和备餐，集体用餐时采用分餐制和简餐。选择新鲜卫生的食物和适宜的烹调方式，保障饮食卫生。学会阅读食品标签，合理选择食品。倡导回家吃饭，享受食物和亲情。创造和支持文明饮食新风的社会环境和条件，传承优良饮食文化，树立健康饮食新风。

拓展阅读

中国居民平衡膳食宝塔

中国居民平衡膳食宝塔简称膳食宝塔，又称食物金字塔，是根据《中国居民膳食指南》的核心内容和推荐，结合中国居民膳食的实际情况，把平衡膳食的原则转化为各类食物的数量和比例的图形化表示。

中国居民平衡膳食宝塔（见图5-6），包含了不同人群一天应吃的食物种类和平均摄入量，共分五层，以各层的位置与面积反映各类食物在膳食中的地位和所占比重，其中适用于一般人群的如下：

第一层（底层）：谷薯类250～400g。

第二层：蔬菜类300～500g，水果类200～350g。

第三层：畜禽肉40～75g，鱼虾类40～75g，蛋类40～50g。

第四层：奶及奶制品300g，大豆及坚果类25～35g。

第五层（顶层）：盐＜6g，油25～30g。

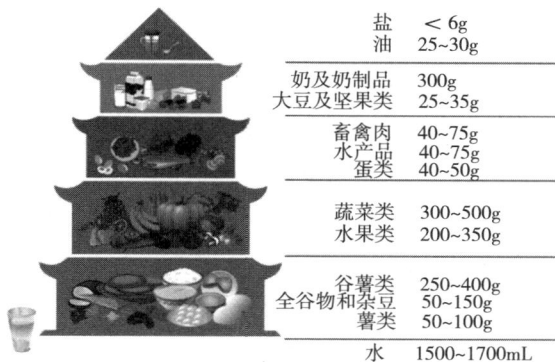

图5-6　中国居民平衡膳食宝塔（2016）

三、大学生常见的不良饮食行为

目前，不少大学生由于缺乏营养学知识，不重视合理营养，在饮食消费行为上基本处于盲目状态，对健康造成不良影响。当前大学生中常见的不良饮食行为有以下几种。

（一）节食、挑食或偏食

有些女大学生为了追求漂亮身材，穿时尚衣服，刻意节食减肥或瘦身，如不吃晚餐、长期不吃肉，甚至连续几天只吃蔬菜水果，导致必需氨基酸、脂肪酸、脂溶性维生素等营养素缺乏，引起体内新陈代谢紊乱，抵抗力下降，使原本青春健美的身材变得枯瘦。长期节食瘦身还会造成脱发、贫血、骨质疏松、月经稀少，甚至闭经和厌食症等严重后果。大学阶段是女生精力充沛、求知欲望强、学习最出成绩的时期，需要供给充足全面的营养，以满足日常消耗和保证身体、智力的发育，而且大学时期也是女生生理发育成熟、体形最健美的阶段，是女性的黄金时期。希望女大学生充分认识节食瘦身的危害，切勿盲目追求时髦。体重确实超标的女生，也应该在专业人士指导下进行科学瘦身。

另外，尽管大学生也都知道挑食偏食的坏处，可仍有不少同学不以为然。调查发现，大多数学生很少喝牛奶，没有天天吃水果的习惯，不重视吃豆类及豆制品；一些学生不爱吃鸡鸭鹅肉和猪肝；一些学生长期只吃几种喜欢的蔬菜……长此下去，很容易造成营养素不均衡，对生长发育不利，例如缺铁性贫血、维生素 A 缺乏导致的夜盲症。有这方面问题的同学要注意克服，要做到食物多种多样，特别是对奶类和豆制品的摄入。

节食是指为了减轻体重，使自己吃东西的方式发生改变。大学生中，节食行为非常普遍，是造成营养不良的重要原因。节食是不健康的减肥方法。常见的节食方式有：绝对禁食——一整天或几天都不吃东西；空顿、漏餐——吃饭时间不吃饭，如不吃早餐或晚餐；进食量极少——只吃极少量食物或不吃主食；吃代替餐——只吃市场上卖的营养餐包；吃非食物代用品，如魔芋制品。大学生应了解节食的害处。下面是停止节食行为的理由：①食物给我们提供营养物质，让我们能享受生活的乐趣，获得心理和精神上的满足。②节食不能减肥，反而会增加体重。③节食有损健康，有时会危及生命。④节食使你的生活变得枯燥乏味。⑤节食的人不漂亮，健康会让你看上去最好。⑥节食让你惧怕食物，剥夺你享受食物的乐趣。⑦学会爱自己和接受自己。

不健康的习惯是导致营养缺乏病流行的重要原因，请你分析一下自己有哪些不健康的饮食习惯。

（二）用饮料代替白开水

当前市场上各种果汁饮料、茶饮料、可乐、汽水、纯净水、矿泉水五花八门，使年轻一代在饮水种类和观念上发生了很大变化：重口味，轻实质；图方便，怕麻烦。一些学生很多时候是靠喝饮料代替白开水的，这种做法极不可取，长期饮用含糖饮料会引起肥胖和增加龋齿、2 型糖尿病的发病危险；过量饮用碳酸饮料与骨折的发生密切相关；长期饮用含合成色素、香精或防腐剂的饮料会加重肝肾的代谢负担；喝汽水类饮料会产生过多气体引起胃部饱胀，导致食欲下降。从健康的角度而言，白开水是最好的饮料，价廉、解渴快，含多种对人体有益的矿物质和微量元素，而且进入人体后立即发挥其调节体温、输送养分和消除废物等功能，因此，建议大学生平时多喝白开水或清茶，少喝饮料。

（三）烟熏烧烤类食物摄入过多

熏鱼、熏肉、烤羊肉串、烤鱼片等为如今市面上常见的熏制烧烤类食品，以其风味独特为不少大学生所喜爱。烟熏烧烤类食品中含有多环芳烃类有害物，是世界上公认的致癌物，长期摄入可诱发胃癌、食管癌等。

（四）喜欢吃零食

许多受学生青睐的小食品如炸薯条、虾片、炸鸡腿、调味紫菜、巧克力、冰淇淋、奶油蛋糕等，大多属于高脂、高糖、高盐和高味精食品，并含较多添加剂，而膳食纤维以及钙、铁、锌等矿物质以及维生素含量很低，营养价值很低，经常食用容易导致肥胖、龋齿，也会影响正餐，应少吃为佳。

（五）边吃饭边看电脑、手机

如今，电脑和手机已成为大学生不可缺少的学习和生活工具，接触电脑、手机的时间越来越长。很多学生喜欢一边吃饭一边使用电脑、手机，表面看上去珍惜时间，实际上是一种不利于健康的坏习惯。看电脑、手机时，大脑在紧张思考，分散了吃饭的注意力，引起消化液分泌减少和胃肠蠕动减弱，使消化功能下降。久而久之，会引起消化不良和胃肠道疾病。另外，多数同学在看电脑、手机时吃饭比较随便，甚至胡乱吃几口就放下碗，也容易造成食物摄入不足或者营养素不均衡。

（六）食用无卫生保证的街头食品

目前，街头无卫生保证的食品"琳琅满目"，调查资料表明，学校附近食品店和街头食品摊点整体卫生状况不合格率达70%，持有卫生许可证、健康证的从业人员不到一半，食品污染严重、餐具不消毒、滥用食品添加剂和调料的现象仍较普遍存在。一些小食品加工厂为了扩大销量、降低成本，大量使用色素甚至非食用色素，利用五颜六色的外观来吸引学生，而长期食用色素超标的食品对身体是极为有害的。

四、合理营养对大学生的意义

（一）合理营养是健康的保障

营养、健康及受教育是一个人成长和发展的三大基石。三者之间相互影响，其中营养是其他二者的重要保障。营养素可以促进青少年的生长发育、组织代谢的更新，调节生理功能，还可以给学生的学习等活动提供能量支持。大学生的饮食行为和生活方式，不但影响目前的健康状况和学习能力，对其终生的生活方式都会产生影响。例如，患有进食障碍的人，容易不孕、不育，后代还有可能出现出生缺陷，如无脑儿、脊柱裂等。而青年学生养成的不健康的饮食习惯和饮食行为，如偏食、挑食、节食及不健康的控制体重的行为很可能会造成其本身营养不良，从而影响国家的人口质量。

（二）膳食不合理导致慢性非传染性疾病的发生

目前，慢性病，如心脑血管疾病、糖尿病、肿瘤等，已经成为人类健康的第一杀手。中国目前有慢性病患者 2.6 亿人，如果不进行有效控制，到 2030 年，还将增加 1.23 亿人。不健康饮食行为、超重、肥胖已被世界卫生组织列为造成慢性病的共同危险因素。2011 年，联合国大会政治宣言倡导通过健康生活方式，包括减盐、健康饮食等，防控慢性病，到 2025 年，将全球由于慢性病导致的早亡（70 岁之前的死亡）率降低 25%。

不健康的饮食行为是造成全球疾病负担的重要原因之一。2016 年全球疾病负担研究结果表明不健康饮食是早死的第二大高危因素，仅次于吸烟。不健康的饮食包括：水果摄入量不足，高盐膳食，膳食中缺乏坚果和全谷物，蔬菜摄入量不足，缺乏来自海产品食物的不饱和脂肪酸。

五、良好的膳食行为与方法

大学生是国家的栋梁之材，肩负着重要的家庭和社会责任，健康的饮食行为是保证其健康体魄的基础。同时，大学生的精神风貌，包括食物选择方式和进食行为也反映了公民的社会觉悟、健康素养和个人修养。个人饮食行为的形成受很多因素的影响。膳食口味与小时候的膳食习惯及经历有关，如有人喜欢甜，有人喜欢咸，但同时又受到社会心理因素及环境的影响，如社会的认同、价格、购买的方便与否等。同样，改变不健康的饮食行为也受到这些因素的影响。根据不同影响因素，国际上为促进个人健康饮食，采取了个人层面上的健康教育、营养政策、价格税率调整以及增加健康食品的可获得性等一系列措施。

在当今生态保护、环境保护、可持续发展和世界粮食危机问题日益突出的社会背景下，作为受过高等教育的公民，在日常饮食生活中，也应当从全球和全社会的角度认识饮食与营养的关系。应当将环保、低碳和不浪费粮食的理念融入饮食生活。由于动物性食物的生产和加工能耗较高，不利于环保，因此，在保证个人营养均衡的情况下，应尽可能减少动物性食物的摄入量。我国及亚洲其他国家的传统饮食——以谷类和蔬菜为主的植物性食物膳食模式曾经被西方认为是最有益于健康的膳食模式，但近30年，随着社会经济状况的好转及对外开放、全球化的发展，青年人越来越多地选择西方的膳食模式，导致我国慢性病危险因素流行，青壮年人的健康受到很大威胁。这一点不能不引起每个青年人的注意。那么，作为大学生的我们应该保持哪些膳食行为呢？大致从这几个方面入手。

（一）合理配餐，增进健康

大学生处于青春发育后期向成年期过渡的阶段，生长发育尚未完全停止，新陈代谢旺盛，消化吸收能力强，加之活泼好动、运动量大、脑力活动量大等，需要消耗足够的食物来提供能量和助生长发育、维持健康，因此掌握合理配餐、平衡膳食的知识是十分必要的。给自己配餐应把握以下原则：①合理分配三餐能量。②膳食组成合理，如荤素搭配、粗细搭配、干稀搭配等。③营养素全面，特别要保证蛋白质和含钙、铁、锌、维生素（尤其是维生素 A、B_1、B_2、C）丰富的食物。④经常变换食物的种类，膳食多样化。

1. 早餐

很多大学生不重视早餐，对早餐比较随意，或因起床晚来不及吃早餐就去上课。其实，早餐与午餐同等重要，通常上午的课最多，消耗的能量占全天总能量的35% ~ 45%，早餐的进食量至少要达到一日量的30%，摄入量不足会造成上课注意力不集中，思维受阻，学习效率降低，因此，早餐不但要吃饱，还要吃好。早餐的基本搭配是主食加蛋类、奶类或豆制品、少许蔬菜水果及坚果。要有干有稀，干的如馒头、花卷、包子、蒸饺、发糕、粗粮或豆制品，稀的多选牛奶、豆浆、稀饭、麦片等，再加一个鸡蛋、几片酱牛肉或豆腐干、少许水果和蔬菜以及坚果。搭配科学的早餐，可保持血糖浓度稳定，是保证大脑能量正常供给从而提高学习质量的重要措施。

2. 午餐

午餐是学生一天中的主餐。上午体内的热量和营养素已消耗了很多，下午还要继续上课并参加各种课外活动，所以午餐要丰盛，主食、肉类、蔬菜和各种营养素摄入量应占全天需要量的 40% 左右。主食可在米饭、面条、粗粮饼、蒸薯、土豆、芋头中进行选择，并最好达到两种；副食要有足够的蔬菜和适量的鱼虾禽畜肉、豆制品以及少量水果。各种肉轮换着吃，尤其多吃鱼虾和禽肉。午餐蔬菜一般不少于三种，并尽量做到红、黄、绿色的皆有。除肉以外，主食和蔬菜的种类也都要经常更换，以保证营养均衡。注意吃一些耐饥饿又能产生高热量的菜，使体内血糖继续维持在较高水平，保证下午的学习和体育锻炼等活动。

3. 晚餐

晚餐比较接近睡觉时间，不宜吃得太饱，热量一般为全天总热量的 30%。宜选富含糖类、膳食纤维、色氨酸和 B 族维生素丰富的食物，如米饭、绿色蔬菜、菌藻类、动物肝、牛奶等，可维持神经功能的稳定，消除焦虑及安眠。不宜吃红薯、玉米、豌豆等产气食物，不宜吃辣椒、大蒜、洋葱等辛辣食物，不宜吃猪肉等过于油腻的食物，不宜喝咖啡、浓茶、可乐等令大脑兴奋的饮料，以免引起腹胀或干扰睡眠。不少大学生都喜欢晚上结伴下餐馆，满桌的菜品再加上啤酒、可乐等饮料，无疑对健康不利，要自觉纠正。

大学生在三餐之外一般还需适当加点餐，如上午课间或睡前喝杯牛奶，下午吃些新鲜时令的水果以及坚果等零食，晚自习后吃个面包或几片饼干等。夜宵要吃得清淡，忌食大鱼大肉。

拓展阅读

食谱举例

例1：主要适用于男生和体高或偏瘦的女生（热能需要量约2500kcal）

早餐：米粥25g，荞面窝头100g，煮鸡蛋1个，萝卜丝、花生米少许，水果100g。

午餐：米饭150g，红薯50g，青椒炒鸡丁1份，洋葱四季豆1份。

晚餐：小米绿豆粥25g，白菜包子100g，西芹炒猪肝1份，韭菜豆腐干1份。

加餐：上午课间喝牛奶200mL，下午课间吃苹果1个，晚自习后喝酸奶100mL，全天饮水1500～1700mL。

例2：主要适用于女生（热能需要量约2200kcal）

早餐：玉米面馒头100g，牛奶200mL，煮鸡蛋1个，小菜、卤肉少许，水果100g。

午餐：米饭150g，带鱼烧青笋1份，紫甘蓝1份，番茄小白菜汤1小碗。

晚餐：南瓜米饭100g，黄瓜木耳肉片1份，芹菜豆腐干1份。

加餐：上午课间吃坚果少许，下午课间吃香蕉1根，晚自习后喝酸奶100mL；全天饮水1500～1700mL（牛奶及其他饮料可包括在内）。

互动小测试

根据所学的营养知识及自己的饮食习惯，和同学们一起讨论，为自己制订一份简单的平衡膳食的计划。

（二）保持健康体重，预防和控制肥胖

目前，人类健康的第一杀手已经由过去的传染性疾病转变为慢性非传染性疾病。这些疾病很多都与超重、肥胖的发生有关。人体的脂肪组织本身就具有分泌器官的性质，会分泌很多致病因子，导致糖尿病、心脑血管疾病及肿瘤的发生。有研究显示，目前体重正常的人，如果不注意选择健康

的生活方式，在 5 ～ 10 年内也将会加入到超重或肥胖的行列中。因此，了解肥胖的原因，掌握保持健康体重和科学控制体重的方法非常重要。

1. 健康体重

健康体重是指体重指数介于 18.5 ～ 24.0 的体重状况，也就是俗称的"既不胖，也不瘦"的状态。处于健康体重时，机体的疾病风险最低。因为，当体重指数低于 18.5kg/m² 时，很可能发生营养不良和免疫力低下状况，对急性传染性疾病的抵抗力较弱；而超重、肥胖发生时，血压、血脂、血糖等慢性病的风险又会成倍增加，增加患心脑血管疾病、肿瘤等疾病的风险。因此，可以说体重是个人健康状况的"晴雨表"。

2. 肥胖

肥胖是指身体的脂肪组织超过了正常值，对健康造成损害的一种疾病。导致肥胖发生的原因是遗传和环境因素共同作用的结果，主要是由长期能量摄入与消耗不平衡造成的。增加能量摄入的饮食行为（如进食量过大，过多摄入甜饮料、甜食、油炸食品）及减少能量消耗的行为（长时间静坐、缺少体力活动和运动）是导致肥胖发生的主要原因。肥胖能够引起高血压、高血脂、睡眠障碍等健康问题，影响身心健康。超重和肥胖主要是通过体重指数和腰围进行判断。终生保持健康的生活方式，尤其是保持健康饮食习惯，减少静坐，经常运动，是预防和控制肥胖的最科学、有效的方法。因此也有人说，治疗肥胖的最好方法就是预防。

3. 体重控制

成年人若要保持健康体重，每天都要做到：能量摄入＝能量消耗。要保持能量平衡，要么少摄入能量，要么增加运动量，增加能量消耗。目前，科学地控制体重的方法就是两者兼用，而不是盲目地节食。因此，科学的减肥方法应该是：科学地控制饮食、规律地进行体育锻炼或体力活动（如快走）、减少静坐时间。这是当代的健康生活方式，也是体重控制的基础。

超重者和肥胖者，如果想让体重减下来，需要制造能量赤字让能量消耗大于能量摄入，迫使身体动用储存的脂肪提供能量，同时减少身体的脂肪含量。这就是保持健康体重和减肥的能量平衡原理。如果你不改掉不健康的饮食行为——喝甜饮料、常吃油炸食品和甜食等习惯，你就需要每天进行更多的运动，才能将这些能量消耗出去。一般来说，若是想减身上的体脂，需要进行30min以上的中低强度有氧运动。

因此，控制体重应先矫正不健康的饮食行为，增加运动量。研究发现，增加蔬菜、水果摄入，减慢进食速度，少吃甜食和少喝甜饮料是控制体重的有效方法。

减肥期间的膳食一般采用低盐、低糖、低脂的平衡膳食——DASH膳食（Dietary Approaches to Stop Hypertension）也叫减低高血压膳食，这种膳食在减肥和控制心脑血管疾病时也适用。DASH膳食强调摄入足够的蔬菜、水果、低脂（或脱脂）奶，以维持足够的钾、镁、钙等离子的摄取，并尽量减少饮食中的油脂量（特别是富含饱和脂肪酸的动物性油脂）。

使用DASH膳食，首先根据每天的活动量多少，确定每天需要多少能量；其次根据每天的能量需要，安排每天或每周几大类食物的摄入量。每类食物可以互换。一些人为了达到快速减肥的效果，需要更多地限制能量摄入，这里应当注意：自己进行膳食控制的情况下，短时间内（一般是1~2周），女生一般每天能量摄入不应低于1200kcal，男生不应低于1600kcal。如果低于这个数值，就需要有专业人士的介入了。因为长期过多限制能量和食物摄入，容易导致蛋白质和微量营养素缺乏（贫血、缺钙等）和代谢障碍，损害健康。

拓展阅读

矫正肥胖相关危险行为的提示

（1）每天吃早餐，吃好三餐。

（2）每天吃 5 份水果或蔬菜（每份是一口杯，容积为 220 ～ 240mL ）。

（3）用小碗盛饭。

（4）吃饭细嚼慢咽，15 ～ 20min 完成进餐。

（5）每天进行 1h 以上的中高强度体力活动。

（6）将闲暇时的静坐时间减少至 1h 之内。

（7）不喝或少喝含糖饮料。

4. 做好行为监督

合理膳食，适当增加运动，每天造成一定的能量赤字，就会向健康体重迈进。但凡有过减肥经历的人都知道，控制饮食相当不容易，让自己每天进行一定的身体活动更是困难重重。那么，那些成功减肥的人是如何实现他们的减肥目标的呢？行为治疗就是帮助你成功控制饮食、保持适量运动习惯的一个治疗方法。行为治疗一般有心理医生参与，主要内容包括：设定目标、刺激控制、行为监督、解决问题、达标奖赏和防止复发等。如果你能一步步地实现每天的行为目标，就离成功减肥不远了。

（1）设定目标。能够成功减肥的人，一般都需要首先设定自己的体重目标和行为矫正目标，这就是常说的行为干预。这种减肥方法非常有效，也最安全。一个合理的目标是矫正行为的第一步，应当具体、实际、可行，目标不宜过大，不宜过多，以中等程度的努力就可以实现的目标最好。每次解决一个问题，循序渐进，避免由于完不成目标而产生受挫情绪，影响计划的长期实施。

为了达到成功减肥的目标，你需要和家人一起检查一下你自己的饮食和体力活动方面存在哪些需要改进的地方。然后看看哪些方面需要先控制，一个一个排好顺序。一旦决定下来，就给自己定一个小小的目标。这个目标，你应该能在 1 ～ 2 个星期轻松实现。一次实现一个目标，不要贪多。这些目标包括短期的行为改变计划和长期的体重控制目标。①体重目标：每周减体重不能超过 1kg。一年减掉基础体重的 10% ～ 15% 是合理的。快速减体重会有生命危险。②行为目标：如不再喝含糖饮料，不再吃快餐；每天吃蔬菜、水果；每周至少运动 5 天，每天至少运动 1h；每天看电视时间限制在 1h 之内等。③减肥目标：不单是实现减肥目的，更重要的是要养成选择健康饮食和运动的习惯，终生保持健康体重。

确定目标后，还须做好刺激控制、行为监督、解决问题、达标奖赏和防止复发等环节的工作。

（2）刺激控制。减肥和控制体重都需要长时间坚持。在体重控制期间，应注意抵挡高能量密度食物（如肥肉、油炸食品、甜饮料、甜食）的诱惑；同时，减少在外就餐的次数。刺激控制在不同的场合使用的方法不同。避免自己吃高能量食物的方法就是不买。在家里，将食物移出视线。在外就餐时，注意选择健康饮食，食不过饱，不点或少吃油炸食品和甜食。

（3）行为监督。减肥期间，特别是在减肥开始的前三个月，你需要记录自己的行为和体重变化。填写卡片或记录饮食、锻炼行为日志是行为监督的重要方法，有助于提醒你注意不健康的饮食及运动行为，尽快实现减肥目标。

（4）解决问题。在控制体重期间，会遇到很多妨碍你实现自己目标的问题。例如，你可能想出去锻炼身体，却没有时间；你想按照推荐的份数进食，但经常在吃饭前很长时间就觉得饥饿难忍。如何解决这些问题？①科学的减肥方法不需要挨饿。只要按照自己的能量需要安排平衡膳食，两餐之间间隔 5～6h，感到饥饿是正常的。下一餐吃饭时，为避免过量进食，还需要减慢进食速度。②建立多动少静的生活方式，养成规律锻炼的习惯，在减肥过程中很关键。为此，应注意寻找每个可以连续运动 10min 以上的时间，一天多进行几次，每天的运动量就可以完成。此外，与同学结成运动小组，可以提高运动兴趣。

（5）达标奖赏。当达到一个目标时，应当及时给予自己鼓励和奖赏。但要注意，奖赏的形式不要用食物和饮料，要使用非食物奖赏。

（6）防止复发。当克服重重困难，矫正了不健康的生活方式的时候，还要警惕老毛病再犯，如在外就餐、过多喝含糖饮料、长时间看电视等。一旦老毛病又犯了，那么前面所做的一切都是徒劳的。保持健康的生活方式是青少年体重控制的终极目标，它会让你受益终生。因此，要巩固胜利成果，最初的几周至 3 个月是最难坚持的，一旦养成好习惯，后面就很容易了。

（三）学会看食物标签

当购买一种食品时，你可能想知道它能提供多少能量和营养。这时候，你就需要查看外包装上的营养标签。它一般是一个长方形的方格，里面的内容包括营养成分标示和附加营养信息。通过营养成分标示，可以了解和比较不同食品的营养价值，并根据自身需要合理选择食品，控制能量和营养素摄入，从而有利于选择平衡膳食，减少慢性疾病发生的风险。

拓展阅读

食物标签上词语的特殊意义

低脂肪：每份食物含脂肪在 3g 以下（脂肪 ≤ 3g）。

低饱和脂肪：每份含饱和脂肪在 1g 以下（饱和脂肪 ≤ 1g）。

低热量：每份食物含能量低于 40kcal（能量 ≤ 40kcal）。

低钠：每份食物含钠低于 140g（钠 ≤ 140g）。

根据食物营养标签，你可以比较不同包装食品的能量、盐、糖、脂肪、蛋白质等成分的含量，合理安排膳食。

（四）预防食物中毒

食物中毒是指食用了被有毒有害物质污染的食品或者食用了含有毒有害物质的食品后出现的急性、亚急性疾病。食物中毒按照病因可分为：细菌性食物中毒，如沙门氏菌食物中毒、副溶血性弧菌食物中毒；化学性食物中毒，如误食农药含量超标的蔬菜引起的中毒；有毒动、植物食物中毒，如食河豚中毒、食毒菇中毒；真菌性食物中毒，如食霉变甘蔗中毒等。

预防食物中毒，要注意避免危险的进食行为。吃生的或不熟的动物性食物或其制品会增加患食源性疾病的危险；过期食品、发霉变质的食品、不新鲜和不洁食品是导致食物中毒的主要原因。

在生活中，养成良好的卫生习惯会避免很多食品卫生问题。在食物加工过程中，应遵守世界卫生组织（WHO）推荐的食品卫生的五个关键措施。

1. 保持清洁和个人卫生

①在接触食物之前要洗手，在制作食物过程中要勤洗手。②上过厕所以后要洗手。③清洗和消毒用于制作食物的器皿表面和器具。④保护厨房区和食物不受昆虫、害虫和其他动物的污染。

2. 生熟分开

①将生肉、禽类和海产品与其他食物分开。②用专门的装置和器具（如刀和案板）处理生鲜食物。③用盛器储存食物以避免生熟接触。

3. 加热完全

①把食物加热完全，特别是肉、禽类、蛋类和海产品。②制作汤汁和炖煮的食物一定要加热至沸腾。对肉和禽类食物保证汤汁清亮，不呈现粉红色。③熟食食用前要重新彻底加热。

4. 使食物保持在安全的温度下

①不要将熟食在室温下放置超过 2h。②熟食和易腐烂的食物须冷藏（最好在 5℃以下）。③在吃之前保持熟食滚烫（超过 60℃）。④即使是在冰箱里，也不要储存食物过久。⑤不要将冷冻的食物在室温下放置。

5. 使用安全饮用水和生鲜材料

①使用安全饮用水，或将其处理至安全。②选择新鲜和完整的食物。③选用安全加工过的食物，诸如巴氏消毒奶。④生吃水果和蔬菜要用清水洗净。⑤不要吃过期食品。

第二节　大学生健康饮食与自我评价

　　大学时代是学知识长身体的重要阶段，同时也是良好的饮食习惯形成的重要时期，这个阶段掌握一定的营养知识，形成良好的饮食习惯，对于促进生长发育保证身体健康有重要的意义。尤其对当代大学生来说，时代赋予的使命要求我们必须有健康的体魄，具备热血青年的朝气蓬勃，才能成为国家栋梁，那么，关注自我、关注健康就成为我们不可忽视的问题。

　　于是，为了解大学生在饮食营养方面的情况，我们对我校在读生进行一次题为"护理·营养·健康"的抽样调查，发放问卷1500份，回收1194份，有效率为100%，调查普及各个院部，能够真实反映出当代大学生在饮食健康方面的情况。据调查统计如下：

（一）营养的摄取

　　据统计，在校生对一些营养食物的摄取状况如表5-1所列。

表5-1　牛奶、鸡蛋、水果的摄取情况

种类	每日	偶尔	无规律	几乎不吃或不喝
牛奶	25.4%	53.2%	22.4%	—
鸡蛋	48.3%	47.4%	4.3%	—
水果	37.2%	58.2%	4.6%	—

　　其实，一杯牛奶，一个鸡蛋，一个水果是蛋白质和维生素等营养的合

理搭配，但从表中可以看出：同学们对营养还没有形成合理的搭配意识。"一杯牛奶可以强壮一个民族"不无道理，对于它的营养价值，95.4%的同学表示了解其含有优质蛋白和丰富的钙等元素，但每日规律性饮用牛奶的人却不到一半，原因何在？据统计显示，主要原因是消费水平的制约，近一半的同学认为每天喝牛奶的支出在生活费用中会占去很大比例，故只作为一种营养品偶尔补充一下而已。对于水果、鸡蛋，调查中看出这两种营养丰富而价格低廉的食品较受重视，但是2/5左右的人没有形成一个生活规律，只是想起来才吃。

另外，水是维持人体正常生理活动所需的重要的营养素之一，但调查表明大家对每天所需的饮水量并不清楚，只有27.9%的被调查者认为日饮水量应在1000mL以上。其实，人要保证每天新陈代谢的正常需要，维持体内水分出入量平衡日饮水量应在1000mL~1300mL才为合理。水能够促进物质代谢，调节体温，并有润滑作用，是生命之源，不可忽视。

（二）饮食习惯

良好的饮食习惯对我们的身体健康有着十分重要的影响，我们对在校生的早餐情况进行了调查，结果如表5-2所列。

表5-2　各校区早餐情况

校区	每日按时吃	从不吃	吃，但无规律
南区	61.8%	6.6%	30.7%
东区	75.6%	1.5%	22.9%
西区	90.3%	0.8%	8.9%

从上面的调查结果我们可以看出：不同专业的人对饮食重视程度不尽相同。南区和东区在这个问题上比较接近，而西区学生则较为重视早餐，这与西区学生以医学专业为主不无关系。且据调查得知，不吃早餐的主要原因大多是起床晚来不及。而这种无规律的生活习惯势必会给健康带来不利影响，早餐是一天中最重要的一餐，早晨起床之后，及时补充营养是一

天中脑力、体力恢复的重要保证，尤其对于学生，不吃早餐将直接导致上课注意力不集中，思维滞后，所以早餐要吃好是不无道理的。

（三）健康知识的学习

在校生获得健康知识的途径，调查显示如图5-7、图5-8所示。

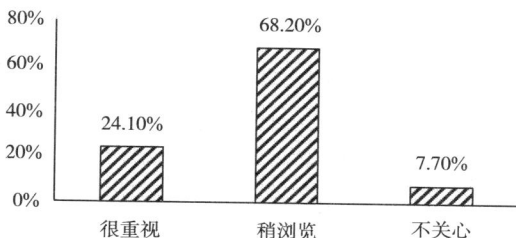

图5-7　对饮食健康知识讲座的态度

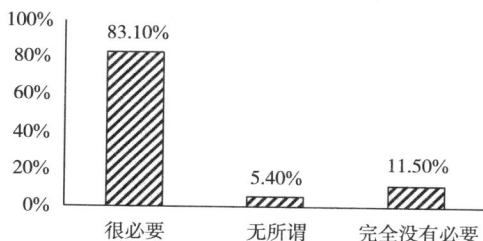

图5-8　对报刊、书籍关于健康知识的态度

从这一项调查中可以看出：健康知识的完善有利于我们更好的把握健康，但只有83.1%的人意识到健康知识的必要性和重要性，而只有24.1%`的人愿意去认真学习这方面知识，大多数人只是被动地去涉猎而已。但随着生活水平和知识层次的提高，人们对健康问题也越来越重视。

另外，调查统计，有85%以上的人意识到生活环境、生活方式、饮食及运动与身体健康息息相关，其中生活环境也体现了现代人对健康新的认识。

针对此次调查，我们对在校大学生的饮食健康状况有了一定了解，在我国的生活现状下，我们发现更多人开始有意识去突破传统的饮食结构，去尝试更科学更合理的饮食方式。随着国民素质和生活水平不断提高，新

一轮的健康革命将会再次掀起。关注自我，关注健康，让我们的生活更
精彩！

拓展训练

　　某高校大四男生小陈，拿到体检报告后大吃一惊：体重、血糖超标，
还有轻度骨质疏松和脂肪肝。小陈从上小学起就特别爱喝汽水、果汁饮
料、碳酸饮料，一天至少两瓶，基本上用饮料代替了白开水。常喝饮料真
的容易患上述病症吗？请结合本章内容寻找答案。

第六章
运动处方与体育卫生保健

学习目标

了解运动处方的概念、分类、内容。

掌握体育锻炼的卫生。

思政之窗

2020年12月4日在天津举行的2020"体医融合、运动是良医"天津高峰论坛上，来自国内健康管理、运动医学等领域的专家学者围绕体医融合展开研讨，建议充分发挥"运动处方"的作用，将其作为预防慢病的"一线用药"。

"要预防慢病，又要防止运动损伤，最好的办法就是推广使用运动处方。"天津医院健康管理科副主任医师张继翱说。开具运动处方一般包括五大内容：一是处方对象的基本信息，如体力活动水平、患病史、家族史等；二是进行医学检查及健康体适能测试与评定；三是要明确锻炼目标，是康复治疗还是预防性健身，是提高心肺耐力还是控制血压；四是根据实际情况确定运动频率、强度、时间、方式等；五是应指出有关注意事项，包括禁忌的运动项目、出现异常时停止运动的标准、每次锻炼前的准备活动和锻炼后的整理活动等。

第一节 运动处方

一、运动处方的概念

WHO 正式采用 "exercise prescription"（运动处方）这一专业术语是在 20 世纪 60 年代末。随着国际社会在研究、推广和应用历程中对运动处方作用认识的不断深入、功效开发的不断拓展、应用范围的不断扩大，运动处方的概念也在不断丰富与完善。

（一）国外对运动处方的定义

运动处方这一概念最早是由美国哈佛大学海明威体育馆第一任总监、医学博士德利·萨金特（Dudley Allen Sargent）在 19 世纪 70 年代提出。他认为，运动测试是临床上评价心脏功能能力的主要方法，运动测试与制订心血管疾病患者的运动治疗方案有关。20 世纪 50 年代，芬兰运动生理学家、心血管医生、心血管疾病流行病学的创始人马尔蒂·卡沃宁（Martti Karvonen）博士等提出了运动处方构成的 4 要素，即运动频率、运动强度、运动时间、运动方式，并创建了运动处方的制订方法。德国的赫廷格（Hettinger）等于 1953 年在运动处方要素的设定中提出了超量负荷、超量恢复的训练学原则。首次对运动处方进行定义的是美国生理学家卡波维奇（Peter Karpovich）。他认为"运动处方类似医生给患者开的医药处方，是指符合个人状况的运动程序"。1975 年，ACSM 出版的《ACSM 运动测试与运动处方指南》(以下简称《指南》)第 1 版将运动处方定义为：运动处方包括体力活动的运动频率、运动强度、运动时间、运动类型或方式。这 4 个要素适用于为不同年龄、不同能力以及是否存在冠心病（CHD）危险因素或冠心病的人制订运动计划。日本学者加贺长彦淳认为，"运动处方"是以获得个人期望的体力为目标，并以适应其体力现状所决定的运动的质和量。岸野雄三在《高等保健体育》中对运动处方的定义是："医师根据个体身体存在的问题，结合运动项目的特点和个体身体机能与健康状况，开出个性化的带有诊断意义的处方。运动处方包括运动频率、运动强度、运动时间、运动方式，以及运动过程中的安全性，运动后达到的预期效果，维持和提高身体机能，实施运动的程序以及注意事项"。2006 年 ACSM 出版的第 7 版《指南》在运动处方 4 要素基础上增加了"运动量"和"进阶"，使运动处方的 4 要素成为 6 要素。2014 年 ACSM 出版的第 9 版《指南》中以这 6 个要素首字母 FITT-VP(frequency、intensity、time、type、volume、progression) 构成了运动处方内核，并以此为基石，在 2018 年 ACSM 出版的第 10 版《指南》中对运动处方作出新的界定："运动处方是包括运动频率、运动强度、运动时间、运动类型或方式、运动量及进阶，适用于为不同年龄、不同体质健康水平以及是否存在冠心病危险因素或冠心病的人，制订健康促进及慢性疾病防治运动锻炼的指导方案"。

（二）国内对运动处方的定义

我国从 1978 年开始研究、推广和应用运动处方至今，对其概念的界定经历了由浅入深、从局部到整体、国内与国际接轨、提升和完善的过程。1978 年，《运动医学》编写组率先对运动处方作出了界定："用处方的形式规定体疗病人和健身活动参加者练习内容和锻炼量的方法。"1984 年，章拒林等补充了体育锻炼的相关要素及注意事项等，将运动处方概括为："针对人体的一些疾病和身体健康状况，以此为目的确定体育锻炼选择的内容、项目、时间、次数、负荷强度、锻炼时的禁忌及注意事项"。

1989年，刘纪清指出，"所谓运动处方就是由医生按健康情况及心血管功能状态，结合性别、年龄及个体特点等，如同药物处方规定适当的运动项目、运动时间和运动频率，并指出运动中的注意事项。"这一定义提出了运动处方应如同药物处方一样来规定适当的锻炼要求。1999年，邓树勋在其主编的《运动生理学》一书中将运动处方界定为："运动处方是依据体育健身参加者的健康状况和体质情况，以处方的形式制订运动项目、运动强度、运动时间、运动频率以及运动过程中的注意事项。"这一定义强调了运动项目、运动强度、运动时间、运动频率这4个要素。2002年，陈栋等在关注"心肺功能"的基础上，提出"体育锻炼者以康复或健身为目的，结合个人特点，在实践中重点关注人们的心肺功能，开出合理的处方，在处方中规定练习者的练习内容、运动强度、锻炼时间等，以达到最有效的锻炼效果"这一定义。王瑞元认为："针对个人身体状况，制订的周期性、定量化科学的锻炼计划，以处方的形式体现，包括运动种类、强度、时间、频率，对锻炼参与者有指导性的规律的周期运动方案称之为运动处方。"这一定义强调了运动处方应是有指导性的规律的周期运动方案。2005年，杨静宜将构成运动处方的各要素有机组合在一起对其进行了界定："运动处方是由康复医师、康复治疗师（士）以及体育老师、社会体育健身指导员、私人健身教练等，根据患者或体育健身者的年龄、性别、一般医学检查、康复医学检查、运动试验、身体素质/体适能测试等结果，按其年龄、性别、健康状况、身体素质，以及心血管、运动器官的功能状况，结合主、客观条件，用处方的形式制订对患者或体育健身者适合的运动内容、运动强度、运动时间及频率，并指出运动中的注意事项，以达到科学地、有计划地进行康复治疗或预防健身的目的。"

发挥着提纲挈领作用的运动处方概念，在我国运动处方理论与实践的每一个重要阶段都得到了不断充实和完善。国家运动处方库建设的主干工程、运动处方内容系统的核心体系——运动处方理论的构建，再次将运动处方概念推到研究的最前端。2016 年，国家运动处方库建设课题组要解答的第一道题就是对运动处方进行界定。通过对国内外运动处方定义的梳理、分析和研判，对国内外运动处方发展的回顾、总结和展望，站在国际运动处方前端，将国际运动处方理论与应用的最新成果与我国运动处方推广、应用的实际相结合，经过反复研究论证，课题组给出了如下定义："运动处方是由运动处方师（instructor of exercise prescription）依据运动处方需求者的健康信息、医学检查、运动风险筛查、体质测试结果，以规定的运动频率、运动强度、运动时间、运动方式、运动总量以及运动进度，形成目的明确、系统性、个体化健康促进及疾病防治的运动指导方案。"这一定义明确了运动处方的实施者、实施对象、实施流程、实施内容、实施方法及实施目的，较完整准确地对运动处方概念进行了诠释。

二、国外运动处方的研究与应用

（一）各国在推动运动处方研究与应用中的作用

1. 美国和德国

20 世纪 40 年代，美国生理学家卡波维奇（Peter Karpovich）关于运动中的能量代谢、体质测评、功率车记功计的研究为运动测试和运动处方的制订奠定了基础。1953 年，德国的赫廷格和穆勒关于不同运动强度、持续运动时间和频率对人体产生不同影响的研究，为运动处方的兴起起了积极的作用。德国霍尔曼研究所，从 1945 年起对运动处方的理论和实践进行大量研究工作，成绩卓著。1958 年，德国体育大学和科隆医科大学诊所成立了"霍尔曼心脏病与运动医学研究所"，制订出健康人、中年人、运动员，以及高血压、心肌梗死、糖尿病、肥胖病人的各类运动处方，并对市民开展运动处方的应用和咨询工作。

进入 20 世纪 60 年代，著名美国运动科学专家肯尼斯·库珀（Kenneth Cooper）提出"预防比治疗更重要"的理念，创造了举世闻名的有氧运动（aerobics），出版了具有里程碑意义的《有氧运动》专著。库珀提出，应根据每个人的情况开具运动处方，也就是说，必须能确定适当的运动量，以保证进行运动后能收到良好效果。库珀创造了闻名世界的耐力训练法——有氧训练法，特别是他创造的"12分钟跑测试"，库珀根据测试结果，制订了很好、良好、及格、不及格和很差5类心肺耐力评价标准。

1953年，德国的赫廷格（Hettinger）和穆勒（Müller）发表了不同运动强度、持续运动时间和频率对人体产生不同影响的论文，将运动处方的研究往前推进了一大步。美国伊利诺伊大学丘尔顿（Cureton）教授开展的身体健康评估、体能研究为运动处方制订提供了大量科学依据，并由此成为美国运动促进健康的推动者。这一时期，运动促进健康的先驱之一，第一位针对心脏病患者制订结构化运动康复计划的学者赫尔曼·赫勒斯坦（Herman Hellerstein）的研究证明，心肌梗死后病情稳定的患者参与有规律的运动可以加快身体恢复，这个理论为20世纪70~90年代心脏病运动康复方案的完善和推广奠定了基础。著名运动科学专家、流行病学专家布莱尔（Blair）教授主持的有氧运动纵向研究发现，有氧能力作为人体力活动水平的一个客观生理指标，与各人群全因死亡率及心血管疾病死亡率高度负相关，该研究为美国体力活动指南及WHO体力活动有益健康的全球建议提供了重要证据。1995年，佩特（Pate）等代表美国疾病控制与预防中心（Centers for Disease Control and Prevention，CDC）和ACSM在美国医学杂志上发表的《体力活动与公共健康》一文，明确了促进健康和预防疾病的"体力活动推荐量"。

1995年，布莱尔（Blair）教授等首次对体力活动推荐量进行了定量综述：①每天30min中等强度体力活动可以给静坐少动人群的健康带来积极的影响。②每天30min中等强度运动量对体重控制或减肥可能不够。③已经达到每天30min中等强度运动的人如增加运动量，能获更多的健康益处。④除了有氧运动，每周应有至少两次的力量和柔韧性练习。

在运动促进健康和运动处方推广方面，1996年，美国医务总监将由布莱尔（Blair）教授领衔、近百名专家撰写完成的《美国医学总监关于体力活动与健康的报告》确定为探索运动与健康理论和实践一个具有里程碑意义的总结时，体力活动对健康的益处和必要性被公共卫生和医学界正式认可。2008年和2018年，美国联邦政府发布的《美国人体力活动指南》（*Physical Activity Guidelines for Americans*）和《美国人体力活动指南咨询委员会科学报告》（*Physical Activity Guidelines Advisory Committee Scientific Report*）成为与《ACSM运动测试与运动处方指南》媲美的运动促进健康的重要文献，为美国政府推动"体医结合"奠定了坚实的理论与实践基础。

2．英国

英国国家健康服务部（National Health Service，NHS)于20世纪90年代初启动了"运动转诊计划（exercise referral schemes，ERS)"，以解决需要临床治疗的特定人群体力活动不足问题。ERS通过利用非临床环境，如休闲中心、健身房或社区礼堂，为中低危慢性疾病患者提供为期12周的临床运动处方，该项目取得了良好成效，减轻了个人和政府的医疗费用负担，成为英国促进体力活动、健康管理和预防慢性疾病的有效干预手段。

3．日本

1971年，在东京大学运动生理学教授猪饲道夫的倡导下，"日本体育科学中心"成立了运动处方研究委员会，跨越全国组织了20多个研究小组，获得丰富的实践经验和理论研究成果，并出版了《日本健身运动处方》专著。20世纪80年代，日本提出推广和应用运动处方理论与方法、改善体育设备两项体育发展基本任务，将运动处方相关内容引入高校课程。1989年，伊藤朗编写的《从运动生化到运动处方》提出了针对高血压、糖尿病、高脂血症、高尿酸症及小儿哮喘的运动疗法，将运动处方的应用范围向治疗疾病延伸。2006年，日本出版了《为了增进健康的运动指针》《预防与生活习惯相关的疾病运动指南》用于促进国民健康。

4．芬兰

在 20 世纪 50 年代，芬兰运动生理学家、心血管医生、心血管疾病流行病学的创始人马尔蒂·卡沃宁（Martti Karvonen）博士及其团队在研究生活方式与心血管事件关系的同时，创建了用储备心率（Heart Rate Reserve, HRR)法确定靶心率的公式。在 Karvonen 公式中，峰值心率是在递增运动负荷试验中获得的最大心率（现在也采用公式推算的方法获得最大心率），靶心率 = 安静心率 +（最大心率 - 安静心率）× 拟采用强度。卡沃宁博士认为，采用 60%HRR 强度运动可以有效改善心肺耐力，这一强度的确定具有里程碑式的意义。后人进一步研究发现，Karvonen 公式是估算运动强度合理而准确的方法，并且能在一定程度上体现出个体化特征，因此 Karvonen 公式一直沿用至今。

（二）ACSM 发挥的重要作用

在国际运动处方研究推广应用进程中，ACSM 发挥了重要的引领作用。1975 年，ACSM 首次出版了《ACSM 运动测试与运动处方指南》（*Guidelines for Graded Exercse Testing and Exercise Prescription*），每 5 年发行 1 版，第三版书名改为 *Guidelines for Exercise Testing and Exercise Prescription*，第六版在书名前增加了 ACSM 字样，为 *ACSM Guidelines for Exercise Testing and Exercise Prescription*。至 2021 年共出版发行了 11 版，每一版都综合了世界各国专家的研究成果，对原内容进行补充修改，使《指南》的内容代表了运动处方的最新研究成果。作为国际运动处方最新研究成果的代表作，《指南》经过运动处方理论与实践 40 多年的丰富与提升，从最初主要为心脏康复患者的临床医生而设计的运动测试方法的小册子，逐步发展到涵盖不同年龄普通人群、心血管疾病风险人群和常见慢性疾病人群的运动处方专业指南，成为运动科学、临床医学和康复医学领域具有重要影响和全球公认的主要参考书和教材。

（三）"运动是良医"项目

ACSM 另一个具有先进性的举措是 2007 年与美同医学会 (American Medical Association，AMA) 共同发起的以增加体力活动和适当运动为核心的"运动是良医（exerise is medicine，EIM）"项目。EIM 倡议是一个全球性的、多层面的创举，使体力活动对疾病预防和治疗成为多个国家卫生保健系统的重要组成部分，运动处方是其中的重要抓手，即采用科学的运动测试和运动处方，指导人们增加体力活动和适当运动，有效地预防和治疗慢性疾病。EIM 大力倡导体力活动和运动足预防和治疗慢性疾病不可或缺的理念，促进医护人员、健身指导人员和大众之问的连接，鼓励初级保健医生与健身指导人员合作，为患者制订治疗计划时应包括运动处方。经过数年的积极推广，此倡议得到世界多个国家的响应和参与，目前，该项目已在 50 余个国家 / 地区启动和实施。

下设在中国疾病预防控制中心的国际生命科学学会（International Life Sciences Institute，ILSI）中国办事处（ILSI Focal Point in China）于 2012 年 6 月加入此项目，成立了"运动是良医中国工作组"，建立了运动是良医中国网站和微信公众号。目前，"运动是良医"的理念已深植于包括我国在内的世界民众心中，成为全球运动健康促进的科学指导和精神动力。

（四）"运动是良医—健康校园行动"

自 2015 年以来，EIM 工作组大力推广"运动是良医—健康校园行动"（EIM-OC），其任务是将运动、健康以及其他能够支持 EIM-OC 行动的多种资源整合起来，在校园建立 EIM-OC 管理机构，并以校园为中心辐射到周边社区进而逐步扩大 EIM 的影响范围。其宗旨是让所有的高校学生和教职工及其周边社区居民通过多种方式参与到 EIM-OC 行动中，在校园和社区推进慢性疾病的预防和管理策略。高校把从事促进体育活动作为教职工和学生健康的一个重要标志，具体策略包括：①使运动成为日常校园文化的一部分。②对每一个进行健康咨询 / 就医的学生进行体力活动评估。

③提供必要的条件让学生养成终身参加体力活动的习惯。④在校医和健康体适能专业人员之间建立联系，使学生在接受医学治疗的同时能够获得运动处方。

EIM-OC 的使命是在运动、健康和其他学科之间建立支持 EIM-OC 愿景的目标、协作关系和领导团队。EIM-OC 的愿景是要实现所有的校园和社区成员通过 EIM-OC 的多个学科探索、分享及采用的原则，在校园内外形成有助于慢性非传染性疾病预防的文化。

EIM-OC 的指导原则是：①运动和体力活动是保持健康、预防和治疗慢性疾病的重要措施。②在医疗保健中，增强运动和体力活动大有可为。③EIM 联合多种组织强调体力活动和运动在医疗保健中作用的共同努力应该获得支持。

EIM-OC 行动计划包括：①有 1 项有教职员工参加的全校健康促进活动。②邀请专家进行专题报告。③社交、媒体共同参与。④推广 EIM 运动处方和运动项目。⑤以校园活动带动相关社区，提高社区居民体力活动促进健康的意识。⑥提高学生社团的健身意识。

EIM-OC 的目标是：①将运动科学纳入医学及健康相关专业的课程体系中，并将 EIM-OC 付诸实施。②提高对运动促进健康重要性的认识，并将运动落实在日常生活中。③鼓励学生及教职工积极参与健康校园行动计划。④支持将运动处方作为预防和治疗慢性非传染性疾病措施的校医和其他健康服务机构，并为这些学校和机构提供相关信息和资源。⑤使学生、教职员工和社区居民能够结识新朋友、提高社交能力、享受运动的乐趣。⑥形成学生健康服务、教师健康活动、运动与医疗结合的跨学科活动，以及社区或家庭的健康促进团队的共同合作。⑦将体力活动水平作为重要的生命体征，作为健康的象征。⑧紧密联系医疗保健人员和运动医学专业人员，使其在制订运动处方时能够相互借鉴相关信息。⑨鼓励高校的学生和教职员工通过不断努力提高体力活动水平，改善整个校园人群的身体健康水平。⑩呼吁高校积极促进体力活动，并带动周边社区。

2015 年 2 月以来，EIM-OC 已经在英国、加拿大等国家的多个大学校园实施，启动运动科学和学生健康体适能测试与评价。2020 年，我国河北工程大学获得 ACSM 评审的 EIM-OC 金奖。

三、国内运动处方的研究与应用

（一）运动处方雏形

我国医学很早对运动促进健康就有了认识。根据医学史记载，早在公元前 3000 年，阴康氏发明了一种舞蹈来缓解关节病痛，运动成为康复手段。距今 2600 多年的《黄帝内经》已有运动结合意念和呼吸应用于临床治疗的相关记录，可看作运动处方的雏形。公元前 239 年前后《吕氏春秋》提出了"动以养生"的观念。长沙马王堆 3 号汉墓出土的汉代《导引图》（约公元前 168 年）描绘的各种年龄的人做收腹、踢球、深呼吸等动作多达 40 多处，这些动作大体可分为呼吸运动、徒手运动和器械运动三部分。东汉华佗（约 145—208 年）编创的"五禽戏"，隋代巢元方（605—616 年）编著的《诸病源候论》中的运动疗法，明清时期在民间广为流传的"八段锦"，都为运动处方的发展奠定了基础。

（二）运动处方的研究与应用

我国对运动处方的关注是在 20 世纪 70 年代末。1978 年，运动处方在《运动医学》一书中首次亮相，迈出了我国现代运动处方研究的第一步。随着研究的不断深入，运动处方在医院逐步开始应用，如南京医科大学、哈尔滨医科大学、河北省人民医院、上海华山医院、北京中日友好医院、北京安贞医院及一些疗养院等，是我国开展运动处方工作较早的医院。北京体育大学、首都体育学院、上海体育学院等是进行运动处方相关人才培养较早的体育院校。一些有关运动处方对冠心病、糖尿病治疗的文献开始在一些医学专著中出现，如周士枋和范振华所著的《实用康复医学》、卓大宏主编的《中国康复医学》等。与此同时，体育领域也开始了运动处方的实证研究。1991年，北京师范大学田继宗教授历经一年开展的"增强学生体质的实验研究"，成为我国首个改善学生体质的运动指导方案。

（三）运动处方研究与应用的快速发展

运动处方人才培养的开启在北京体育大学。杨静宜教授在1996年主持编写的《体疗康复》中将运动处方列为重要章节，并在北京体育大学运动人体科学专业率先开设了"运动处方"课程。2006年，依托杨静宜教授主编的《运动处方》教材，北京体育大学运动康复专业开设了"运动处方"和"慢性疾病运动干预"课程，在体育教育专业开设了"运动处方"课程，从2012年开始在运动人体科学专业、社会体育指导与管理专业、武术与民族传统体育专业也开设了"运动处方"课程。目前，我国开设运动处方及相关课程的高校近150所。

1995年，《全民健身计划纲要》的颁布加快了运动处方的研究步伐，科技部科技支撑计划"十五"《中国国民运动健身科学指导系统的研究与应用》、"十一五"《中国国民运动健身科学指导及效果评价关键技术》、"十二五"《制定有效运动负荷方法与评价等级的研究》，国家重点研发计划专项《心脑血管疾病营养及行为干预关键技术及应用策略研究》《"运动是良医"干预方案的优化与效果、安全性及卫生经济效益评价》，国家重点研发计划《人体运动促进健康个性化精准指导方案关键技术研究》等研究项目和课题的发布，标志着运动促进健康已进入国家视野。随着《全民健身计划（2011—2015年）》重点项目，国家体育总局组织编写的《公务员健身指南》《高血压病人群健身指南》《血脂异常人群健身指南》《糖尿病人群健身指南》等"科学健身指导系列丛书"的相继出版，运动处方作为国民科学健身指导方案和对慢性疾病进行防治的有效方法，开始在体育与医疗领域进行较大范围的推广应用。与此同时，北京体育大学王正珍团队翻译出版了《ACSM运动测试与运动处方指南》（第8、9、10版），开拓了运动处方研究应用的国际视野，成为我国运动处方研究和应用的重要借鉴。

随着人们科学健身需求的日益增长，运动处方的研究和应用也向着纵深发展。在分子生物学、心理学、免疫学、临床医学等学科与运动科学不断交叉融合，新技术、新方法、新材料与运动测试不断结合中，运动处方的分类不断细化，运动测试方法日益先进，运动处方应用的领域、人群不断扩大，不同种类的运动处方，如健身运动处方、慢性疾病运动处方、民族传统体育运动处方等相继产生，人们对体育锻炼作为非医疗手段进行健康管理、防病治病有效方法和手段的认识，随着运动处方的推广和应用不断深入，以主动健康为基准的科学健身、健康促进理念化为全民健身行动，以全民健身与全民健康深度融合为目标的健康促进方式上升为国家战略。

（四）运动处方的研究与应用中亟待解决的问题

尽管我国运动处方的研究和应用有了长足的进步，但仍然存在以下亟待解决的问题：①缺乏系统性和完整性。运动处方研究缺乏大样本、多指标、长时间跟踪及多学科协作研究，其科学性、有效性使运动处方在应用中受到局限。②缺乏疗效评估和质量控制。大众对运动处方执行过程的知识、方法、手段、环节知之甚少，形成运动处方在实施过程中的监测困难。③人群体质特征差异的影响。目前，我国运动处方的理论依据与实践方法多采用以欧美人群基础数据为依据编写的《ACSM 运动测试与运动处方指南》为代表的国外教材，这对我国国民应用运动处方的精准性和有效性有一定影响。④专业人才匮乏。能够开具运动处方的医生和指导科学健身的人员数量不能满足人们对运动处方日益增长的需求，制约了运动处方的应用和推广。⑤自动化程度低。目前，运动处方系统还是以单机版为主，多为 PC 版本，大都需要手工录入数据进行计算，便捷性和精确性相对不足。

综上所述，运动处方因 20 世纪 60 年代用于冠心病患者的康复而引起心血管疾病治疗的革命性变革而获得国际广泛认可与高度重视，世界各国特别是发达国家对运动处方的理论与实践开展了大量的研究和应用，不断完善运动处方的概念、分类、内容及制订与实施流程。运动处方的应用领域由心脏康复发展到防治多种慢性疾病，由单一提高心肺耐力，发展到多组分的力量、柔韧性运动处方等，在大量科学研究数据的支持和证明下，运动处方对健康促进和慢性疾病防治的科学性和有效性已为全球公认。

近年来，随着主动健康理念在世界范围传播，运动处方再次成为运动科学、医学、康复医学中的热点。世界各国不断将基础医学、临床医学、预防医学、运动科学、行为科学进行交叉融合并在运动处方的研究中运用，将信息技术、大数据、人工智能运用到运动处方的推广应用中，积极探索各种目的不同、成效最佳的运动处方，朝着人们期望的用科学运动方式促进健康、防病治病的目标不懈努力。

四、运动处方的分类

（1）健身运动处方：该处方以增强体质、增进健康为目的。

（2）治疗性运动处方：该处方以预防疾病、辅助治疗某些慢性病为目的。

（3）康复性运动处方：该处方以恢复身体运动功能及病后康复为目的。

（4）竞技训练运动处方：该处方以提高专业运动成绩为目的。

五、运动处方的内容

（一）锻炼目标

根据个人的锻炼目的制订相应的运动处方和锻炼目标，能够做到有的放矢。例如，健身运动处方的目的是提高身体耐力素质和增强心肺功能等，康复性运动处方的目的是恢复身体运动能力或功能。

（二）运动项目的选择

在选择运动项目的时候，应该考虑以下因素，以利于健身锻炼的安全、持久、实效：①经医学检查许可。②运动方式、运动强度、运动量符合本人的体力。③参与本人喜欢的项目并具有运动经验。④场地、器材设备许可。⑤有同伴参与指导。

学生可以根据个人身体素质需要，在体育教师的指导下选择适合自己的运动项目或者有针对性地增加其他运动项目。

（三）运动强度

运动强度是运动对人体生理刺激的程度，是衡量运动量的重要指标之一，是运动处方定量化与科学性的核心问题。人体只有在适应一定的运动强度后，逐渐加大运动强度，即完成一个从适应到不适应再到适应的循环往复锻炼的渐进过程，身体素质水平才能逐步提高。

人们通常用心率来确定和控制运动强度。

（1）测量运动强度的简单办法：测量运动后 10s 脉搏 ×6，就是通过测量运动后 1min 的心率来查看运动强度。

（2）常用靶心率来控制适宜运动强度范围：靶心率指能获得最佳效果并能确保安全的心率，也称为运动中的最适宜心率。在运动处方实践中，达到最大运动强度时的心率被称为最大心率。

靶心率是反映个人最适宜的运动强度范围的客观指标。研究表明，当人体在靶心率范围内进行运动时，能收到最佳的锻炼效果，并保证锻炼的安全性，这一点对有心血管疾病的患者尤为重要。其测算方法包括两步计算：先计算最大心率，再计算靶心率。

最大心率是指达到最大运动强度时的心率，此时，心脏功能的发挥已经达到了极限。最大心率的计算方法是用 220 减去年龄，就是运动时所允许的最大心率值。一般来说，我们把人体完成最大做功的 65% ～ 85% 时的心率称为靶心率或运动中的最适宜心率。

目前国际上流行采用公式来推算靶心率。对于大多数没有明显疾病的人来说，可以把最大心率的65%～85%确定为靶心率范围，即"靶心率＝（220－年龄）×（65%～85%）"。假设学生甲是20岁的健康人，其最大心率为"220－20＝200次／min"；适宜运动心率下限为"200×65%＝130次／min"，上限为"200×85%＝170次／min"。

（四）运动时间

运动时间是指每次运动的持续时间，是组成运动量的重要因素。按运动强度及身体条件决定必要的运动时间，是运动处方的要点。青少年多选择以健身和提高身体素质为目标的运动，短时间的激烈运动和反复多次的运动处方，对健康有很好的促进作用。每次运动持续时间和运动强度的配合，可明显地作用于运动量，使运动量发生改变。

（五）运动频率

运动频率是指每日或每周锻炼的次数。运动锻炼所获得的效果应遵循生理学"刺激—反应—适应"原理。从运动刺激到身体适应是一个由量变到质变的过程。过高或过低的运动频率都难取得良好的锻炼效果。研究发现：当每周锻炼多于3次时，最大吸氧量的增加逐渐趋于平坦；当锻炼次数增加到5次以上时，最大吸氧量的提高显得很小；当每周锻炼少于2次时，通常不会引起吸氧量改变。由此可见，一般运动每天只需锻炼一次，每周锻炼3～4次是最适宜的运动频率。由于运动效应和蓄积作用，两次运动间隔不宜超过3天。

（六）注意事项

（1）制订健身运动处方应围绕健身目标，有针对性地安排运动内容。

（2）严格执行运动处方（忌进行过度剧烈或刺激性强的运动）。

（3）在每次运动前做好准备活动和整理活动。

（4）在健身处方的实施过程中，根据锻炼者的实时反应和监测情况，可适当调整处方内容。

（5）加强自我的医务监督。

六、运动处方的制订流程（图6-1）

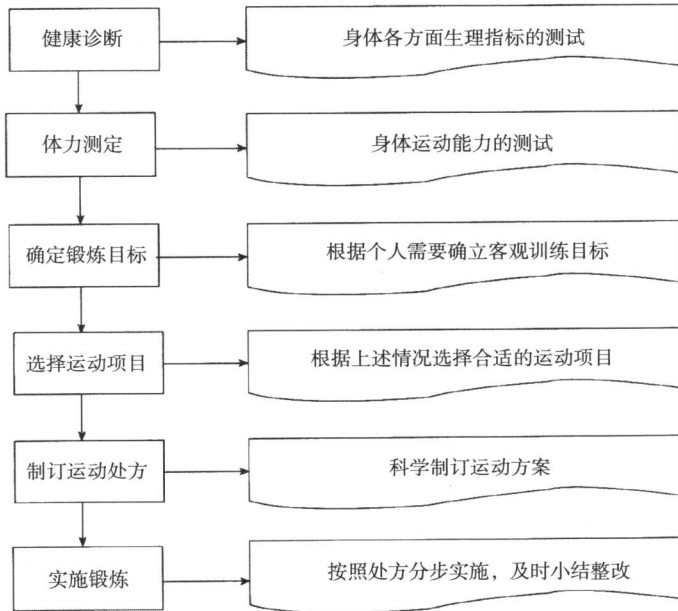

图6-1 运动处方的制订流程

七、运动处方的格式

运动处方可详可略，没有强求采用一律的格式，人们可根据需要制定不同的运动处方格式表，示例见表6-1。

表6-1 体能锻炼运动处方（示例）

姓名：王×× 性别：女 年龄：20岁 职业：学生 病史：无
（1）医学检查：脉搏76次／min，血压70/110mmHg，心电图正常。
（2）运动实验结果：心肺功能体质评定，良。
（3）运动目标：保持健康体能，促进健康成长，保持旺盛精力学习。
（4）运动项目：健身操或体育舞蹈、羽毛球或乒乓球、跑步或登山、呼啦圈或跳绳。每次选择一项运动。

（5）运动强度：靶心率范围内，即（220–20）×（65%–85%）=130–170次／min。

（6）运动时间：30~60min。

（7）运动频率：每天运动1次，每周运动5天。

（8）注意事项：①运动服装、场地、器械选择适宜。②恶劣天气不运动。③身体不适时不运动。④自我监督项目：心率。

处方者签名：王××   时间：2020年2月16日

第二节　体育卫生保健

　　体育锻炼的目的是增强体质、增进健康。锻炼本身需要身体力行，是一个身体活动的过程。而身体活动与讲究卫生密切相关，只有掌握了体育锻炼的卫生知识和要求，科学地进行体育锻炼，才能达到良好的健身效果，避免出现运动损伤。

一、体育锻炼与饮食卫生

（一）体育锻炼与饮水卫生

　　水是人体的六大营养素之一。人体内的所有细胞和血液基本成分都是水，约占体重的70%。在进行体育锻炼时，常常大量出汗，使人觉得口干舌燥，很想喝水。但这时一定要注意饮水量要适当，运动之后立即大量饮水不利于健康，因为运动时胃肠道血管处于收缩状态，吸收能力减退，运动后若立即大量饮水，会使水分积聚在胃肠道，使人感到胃部胀满和不适，同时，一部分水分经肠胃吸收进入血液以后，使循环血量增加，这给刚运动后应该休息的心脏又增加了负担。运动剧烈大量出汗时有大量盐分随汗液排出体外，而人体里的体液要保持一定的浓度，体液中水分与盐分之间需要有一定的比例，如果运动后只大量饮水，而不补充盐分，就会冲淡血液里的盐分，人体为了维持体液中的离子浓度，就要将"多余"的水分排出，其结果是越喝水，越出汗，体液损失也越多，口渴得也越厉害。因此，运动后可以用水漱漱口，再少喝些淡盐水，既解渴又补充了身体里盐分的损失，这样才符合饮水卫生。另外，据研究人体每小时最多约能吸收 0.8L 水，所以每小时内饮水不能超过 1L，每次 150~200mL 为宜，每次应间隔 15min，以免胃肠中存留过多水分；另外锻炼中或锻炼后不宜喝凉水，更不要立即吃冷冻食品和饮用冷冻饮料，因为冷刺激会对胃产生强烈刺激，造成胃痉挛和消化不良。

（二）体育锻炼与进餐

体育锻炼能够提高消化器官的功能，使人的心情愉快，食欲增强，消化液的分泌增多，从而提高了机体消化和吸收的能力。但是，如果体育锻炼中不注意食用卫生，就会对消化产生不好影响。久而久之，会引起消化不良和慢性胃病。由于在运动时血液相对集中于肌肉和皮肤的血管，消化系统的供血量相对减少，致使消化腺分泌减少，消化道的蠕动减弱。如果食物停留在胃内时就进行剧烈的运动，可因胃肠道的充盈和横膈膜上顶，使呼吸受到影响。运动时食物在胃内震荡，经常会使人感到恶心、腹痛，致使运动能力下降，甚至中断运动。一般在餐后 3～4h 左右，胃里已基本没有食物。因此，饭后应休息 2.5h，再进行激烈运动比较适宜。饮食与运动时间也不宜间隔太长，餐后 4～5h，可出现饥饿感或血糖下降，从而影响人体的运动能力，并增加对蛋白质的消耗。因此，应当在运动后休息 30min 以上再进食。大运动量训练后应当休息 45min 以上。由于运动后会产生饥饿感，用餐时应注意不要狼吞虎咽，并且不能暴饮暴食。

二、锻炼后的科学洗浴

体育锻炼后洗澡不仅可以除去身上的汗渍和污垢，保持皮肤的清洁卫生，还能使神经系统的兴奋性降低，体表血管扩张，血液循环加快，从而改善肌肤和组织的营养状况，降低肌肉紧张，加强新陈代谢，消除疲劳和提高睡眠质量。

洗浴的水温不能过高，时间也不宜过长。水温以 40~45℃ 为最适宜，一般时间为 10 ~ 15min，最长不要超过 20min。热水浴的时间过长，一方面导致皮肤毛细血管扩张后，大量血液进入毛细血管，使回心血量减少，结果是血液循环速度反而减慢；另一方面，大量毛细血管的扩张引起心输出量减少，会导致大脑供血不足发生晕厥；心肌供血不足会发生心肌缺血、心律失常，出现心慌、胸闷、胸痛等症状。这时一定要尽快平卧，并马上找医生来检查处理。

桑拿浴和蒸气浴有镇静作用，还能使皮肤毛细血管扩张，加快血液循环，从而加速人体内由于运动而产生的代谢产物的排泄过程的作用，可以帮助消除疲劳。但特别要强调的是不要在运动结束后立即进行桑拿浴或蒸气浴，因为这时人体需要散发掉由于运动体内产生的大量热量，高温环境将影响这一过程，甚至导致热衰竭。因此，运动后至少要休息 30min 以后再进行桑拿浴或蒸气浴。

运动后体表温度较高不要用冷水洗浴，冷水的刺激会使神经系统的兴奋性升高，体表血管收缩，心跳加快，肌肉紧张度增加，不利于疲劳的消除，并可能引起感冒和其他疾病。

三、体育锻炼与环境卫生

运动环境是指人们进行体育运动时所处的外界条件，如空气、水、场地和运动建筑设备等。运动环境也是人类赖以生存的自然环境的一部分，因而它受自然环境的影响。环境因素对人体健康有影响，而对人体在运动时的影响更大。因为人体在进行运动时，体内新陈代谢增强，与环境的关系更为密切，受环境的影响就更大。例如，人在剧烈运动时，吸入的空气可达安静时的十几倍。若空气中含有有害成分，运动时吸入体内的有害物质就比平时多得多，对身体的危害更大。再如，人体有维持体温恒定的机能，它是通过体内的产热和散热过程的增强或减弱来适应外界气温的变化的。当人体在进行体育活动时，不管外界环境如何，体内产热都大量增加，这在高温环境下是较难向外散发的，体内的多余热能不完全散发出来，就会蓄积在体内而使体温升高。因此，在高温环境下运动容易发生中暑。此外，运动场地的硬度和平滑情况，对人体在进行运动时的影响也是较大的。场地不平或过滑容易使人摔倒。还有，运动环境中的场地或水质不清洁、土壤或水中含有较多致病菌，当人体与其直接接触时，特别是皮肤有破损的情况下，很容易受到病菌感染，发生伤口化脓或黏膜发炎等病症。

以上说明，环境对人体的影响在运动时比平时大，因此，为了保护身体健康和保证运动能力的发挥，必须注意环境的状况，尽量使其符合卫生要求。

四、女子体育卫生

女子参加体育锻炼，除了要遵循一般成人体育锻炼的卫生要求外，还需注意女性的身体特点。

女子可根据自身的生理期，多进行平衡性、柔软性、节律性和动力性的练习，多进行发展腹肌、臀肌和骨盆肌的练习。不要过多地进行负荷量过大的负重练习，最好避免进行剧烈震动和引起腹内压升高的身体练习。

月经是女子正常的生理现象，在月经期，人体一般不会有明显的生理机能变化。所以，身体健康的女子在月经期间不必完全停止体育锻炼，适度的体育锻炼还有助于女子经期的平稳过渡。但必须注意下列事项。①不做震动性大、对抗性强的动作。②运动量要适宜，锻炼时间要适中。③不宜参加游泳、长跑、跳跃或持续时间较长的快速运动。④如遇有月经紊乱、痛经现象发生时，则应暂时停止体育锻炼。

五、不能带病进行锻炼

体育锻炼可增强体质，提高身体的抵抗力，预防疾病的发生。但不能夸大其作用，把"预防疾病"变成"治疗疾病"是错误的。人体患病时，机体的机能水平会有所下降。研究表明，病毒感染对骨骼肌有直接作用，可以影响运动能力，使肌肉力量明显下降，并影响肌肉利用能量的过程。因此，疾病期间要积极进行治疗，并调整运动负荷量或停止身体活动，避免造成更严重的健康伤害和运动意外。

知识拓展

疲劳及消除疲劳的方法

1. 疲劳的表现

由于活动使工作能力及身体机能暂时降低的现象称为疲劳。疲劳一般可分为肌肉疲劳、神经疲劳和内脏疲劳三类。当肌肉疲劳时出现肌肉僵硬、肿胀和疼痛，肌力下降等；当神经疲劳时，常表现为反应迟钝、判断错误、注意力不能集中、动作协调性受到破坏等；当内脏疲劳时，常出现呼吸节律紊乱，呼吸浅而快，心悸、胸痛、恶心、呕吐以致心电图改变等。

2. 消除疲劳的措施

合理的睡眠是消除疲劳、恢复体力的最好方式。锻炼结束后进行温水浴和局部热敷是简单易行的消除疲劳方法，按摩是消除疲劳的重要手段，积极性休息如音乐欣赏、合理营养等是消除疲劳不可缺少的措施。此外，为了尽快地消除运动后的疲劳，适当地选用一些药物是必要的，如维生素 B_1、B_6、B_{12}、C，以及刺五加、三磷酸腺苷（ATP）等。有条件者可采用氧气和负离子吸入。

名人故事

伟大的篮球运动员迈克尔·乔丹在率领公牛队获得两次三连冠后，毅然决定退出篮坛，因为他已经得到世界上篮球运动史中最多的个人光荣纪录与团队纪录，甚至是 20 世纪最伟大的体坛运动员之一。

在退役后，他说："我成功了！因为我比任何人都努力。"

乔丹不只比任何人都努力，在他已经是最顶峰的时候，他还让自己更努力，不断地突破自己的极限与纪录。

在公牛队练球的时候，他的练习时间比任何人都长，据说他除了睡觉之外，一天只休息两个小时，剩下的时间全部练球。

时常看到有的篮球运动员在罚球的时候投不进球，于是，对手就不断运用策略在他身上犯规。但如果他一天也像乔丹一样只休息两个小时，其余时间全部在罚球线练球增加自己的准确度，这样持续一年下来，他罚球的能力定会提高。

在美国，有一个卖汽车的业务员总是在他们公司销售成绩排名第一。有人问他："你为什么总是第一名？"他回答说："因为我每个月都设法比第二名多卖一台车子。"这么简单的一个方法，这样简单的一句回答告诉了我们一个简单的成功道理——永远比第一名更努力。

思考训练

（1）简述运动处方的分类。

（2）高校把从事促进体育活动作为教职工和学生健康的一个重要标志，具体包括哪些策略？

（3）女子体育锻炼应注意哪些事项？

第七章
体育运动损伤的处置与急救

学习目标

了解运动损伤的概念,掌握运动损伤的分类,了解造成运动损伤的原因。

掌握运动损伤急救的意义、原则及方法。

掌握常见运动损伤的预防和处理方法。

思政之窗

还在"报复性运动"?小心被运动损伤"报复"!

近期,由于疫情后加大训练,致身体损伤送医的新闻层出不穷。这是因为在经过隔离期不够合理的生活作息与饮食习惯后,我们的身体长时间处于"运动停摆"阶段,肌肉的"业务能力"无法跟上大脑中的动力定型,导致身体的耐力与体力都不如从前,容易出现肌肉拉伤、关节扭伤、韧带或软骨损伤等一系列"翻车事故"。那么,究竟该如何科学重启体育运动,有效避免运动损伤呢?

首先,运动场地要平坦,运动环境中要保持一定的空气对流,不要在封闭场所或环境下开展运动；尽量避开日间高温、寒冷，特别是寒冷有风的时间运动，注意勤饮水，补充水分；不在饥饿或饱餐后马上运动。

其次，在运动时要注意穿松颈、宽袖、宽身和棉织物等有利于散热的衣裤，选择适合于步行、慢跑的运动鞋；运动前进行热身活动，运动后进行整理活动。

再次，运动过程中如果身体感到不适，应立即停止运动，不适感强烈或无法缓解时，应立即前往医院就诊；参与某项运动时，遵守该项运动的基本规则，掌握运动的基本技术；身体活动量的调整应循序渐进，逐渐增加活动量，如每两周增加一定的活动量。

最后，出现运动损伤时，及时处理。有特殊需要或者患有不同慢性疾病的人参加身体活动，应先征求专业人员的建议，然后选择适合自己的运动项目，适当适量开展进行。

第一节　运动损伤概述

一、运动损伤的概念

所谓运动损伤指的就是人们在体育运动中所发生的损伤。我们在生活中还经常会发生很多损伤的情况，这和运动损伤的不同之处在于造成的原因不同。运动损伤的主要原因与运动项目、运动强度，以及运动的动作是否规范、方法是否科学有很大的关系。

二、运动损伤的分类

运动损伤的分类方法有很多，这里主要介绍以下几种。

（一）按受伤的组织结构分类

按照受伤的组织结构分类，主要包括皮肤损伤、肌肉与肌腱损伤、关节损伤、滑囊损伤、骨损伤、神经损伤、内脏损伤等。

（二）按伤后皮肤、黏膜完整性分类

1.开放性损伤

伤处皮肤或黏膜的完整性遭到破坏，伤口与外界相通，如擦伤、刺伤、开放性骨折。

2.闭合性损伤

伤处皮肤和黏膜仍保持完整，伤处无裂口，与外界不相通，如挫伤、

关节扭伤、腱鞘炎、闭合性骨折。

（三）按伤情轻重分类

1.轻伤

伤后仍能按原训练计划进行锻炼。

2.中等伤

伤后不能按原训练计划进行锻炼，须停止患部练习、减少患部活动。

3.重伤

伤后已经完全不能锻炼了。

（四）损伤病程分类

1.急性损伤

急性损伤指瞬间遭受直接暴力或间接暴力导致的损伤。

2.慢性损伤

慢性损伤指局部过度负荷、多次轻微损伤累积而成的劳损，或由于急性损伤处理不当转化为陈旧性损伤。

三、产生运动损伤的原因

人们在参加体育活动的实践中，强身体、炼意志、调感情、享生活。但我们也可以看到，有些人虽有参加体育活动的热情，但缺乏体育运动卫生的知识，也会导致一些伤害事故的发生，严重挫伤了参加体育运动的积极性。因此，我们有必要对伤害事故发生的原因及规律做出必要的阐述，提醒大家注意预防伤害，掌握防止受伤的措施。

（一）运动损伤产生的主观原因

（1）思想上麻痹大意，对安全认识不足、意识不够。运动时心血来潮，不顾主客观条件，盲目进行锻炼。在训练和比赛中没有采取相应的安全措施。

（2）不做准备活动或者准备活动不合理、不充分。准备活动可以提高神经系统的兴奋性，克服生理惰性、调节赛前状态、避免运动损伤。不做准备活动极易造成肌肉拉伤或关节韧带损伤。

（3）缺乏运动经验和自我保护意识，逞能冒险。比如游泳不做准备活动，滑冰不戴手套，摔倒时手臂前撑或外旋着地而造成手臂损伤。

（4）动作粗野、违反规则。主要表现在：技术动作不符合要求，运动负荷过大，违反了人体构造的功能特点和生物力学规律。

（5）身心疲劳。实践证明，在疲劳的状态下动作的准备性和协调性显著下降，警觉性和注意力减退、反应迟钝，此时参加剧烈运动或练习较难动作时，就可能发生创伤。

（6）纪律松懈、组织教法不当。在教学训练中没有贯彻区别对待的原则，忽视学生身体素质的差异，以及做与课程无关的事情也会导致伤害。

（7）体弱或身体有缺陷的人到存有安全隐患的不明水域游泳。

（8）不良的生活习惯、体育锻炼上认识的误区也会导致伤害发生。例如雾天跑步、酒后游泳。

（二）产生运动损伤的其他原因

（1）运动水平低，身体状态不佳。体质弱以及不经常参加体育锻炼的人，缺乏运动经验，身体素质差，尤其是肌肉、肌腱和关节的辅助结构薄弱，关节的稳定性、灵活性较差，动作既不协调也不合理，大脑的反应和自我保护能力差，一旦突然参加剧烈运动和长时间运动就容易受伤。

（2）运动负荷安排不合理。运动负荷小，达不到锻炼效果；运动负荷过大，尤其是局部负荷量过大，超过了人体生理承受力，就容易导致运动损伤。

（3）违反运动原则。准备活动不充分，带伤继续参与剧烈运动，缺乏对易伤部位的保护，疲劳过度，不按照运动技术的规律练习，急于求成等都容易受伤。

（4）运动环境不良。运动场地凹凸不平，砂石满地；积水地滑，无安全保护措施；风沙大雾，光线暗淡；气温过高或过低；器材陈旧或质量差，维护不当；锻炼者的着装、护具不符合要求；人员拥挤等情况，都很容易造成损伤。

四、运动损伤的预防

（一）训练方法要合理

要掌握正确的训练方法和运动技术，科学地增加运动量。对于不同性别、年龄、水平及健康状况的人，训练时在运动量的安排上应因人而异、循序渐进。例如，年龄小的在训练内容上，应把全面身体训练和专项身体训练结合起来，并以全面身体训练为主；在运动量的安排上应考虑到他们的生理特点，与成年人比训练时间要短些，强度、密度要小些。

（二）准备活动要充分

不少运动损伤是准备活动不足造成的，在训练前做好准备活动十分必要。准备活动可以提高中枢神经系统的兴奋性，克服机体机能活动的生理惰性，为正式练习做好准备。准备活动能增加肌肉中毛细血管开放的数量，提高肌肉的力量、弹性和灵活性，同时可以提高关节韧带的机能，增强韧带的弹性，使关节腔内的滑液增多，防止肌肉和韧带的损伤。在进行准备活动时，既要使躯干、肢体的大肌肉群和关节充分活动开，又要注意各个小关节的活动。准备活动还应增加一些专项素质的内容。

（三）注意间隔放松

在训练中，每组练习后，为了更快地消除肌肉疲劳，防止由于局部负担过重而出现的运动损伤，组与组之间的间隔放松非常重要。在间隔时间内，一些运动者对这一问题重视不够，他们在每组练习后，往往站在一旁不动或千篇一律地做放松跑。这样并不能加快机体疲劳的消除，在进行下组练习时还易出现损伤。由于各个项目的练习内容不同，间隔放松的形式也应有所区别。例如，着重于上肢练习的项目，在间隔时可做些放松慢跑；

着重于下肢练习的项目结束后，可以在垫子或草地上仰卧，将两腿举起抖动或做倒立。这样一方面可以促进血液的回流，改善血液的供给，另一方面也能使活动肢体中已疲劳的神经细胞加深抑制，得到休息，这对于消除疲劳及防止运动损伤有着积极意义。

（四）防止局部负担过重

训练中运动量过分集中，会造成机体局部负担过重而引起运动损伤。例如，膝关节半蹲起跳动作过多，易引起髌骨损伤；过多地练习鸭步可引起膝内侧副韧带及半月板的损伤。因此，在训练中应避免单调片面的训练方法，防止局部负担过重。

（五）加强易伤部位肌肉力量练习

据统计，在运动实践中，肌肉、韧带等软组织的运动损伤最为多见。因此，加强易伤部位的肌肉力量练习，对于防止损伤的发生具有十分重要的意义。例如，加强股四头肌力量的练习可以防止膝关节损伤，而防止肩关节损伤则应加强三角肌、肩胛肌、胸大肌和肱二头肌的练习。

除上述几条以外，做好医务监督，遵守训练原则，加强保护，注意选择好训练场地，也是预防运动损伤的重要内容。

第二节　运动损伤的急救

一、急救的意义与原则

急救是指对运动中突然发生的损伤，进行紧急、合理的处理，并为转送医院进一步诊治创造条件。正确有效的处置，对减轻患者的痛苦，预防并发症和感染乃至挽救生命，都具有十分重要的意义。

急救是一项时间紧、技术性和判断性强的紧急措施，因此必须遵循以下原则。

（一）抓住主要矛盾进行急救

现场急救比较复杂，有时会同时出现多种损伤，此时急救者必须抓住主要矛盾进行急救。如发现休克，应先进行抗休克措施，针刺人中、内关穴或进行人工呼吸；如伴有出血时，应同时施行止血，然后作其他损伤处理。

（二）准确判断

急救者要准确地判断损伤的性质、部位和程度，并施行正确的抢救技术。

（三）分工明确，处乱不惊

急救人员既要有高度的责任感和救死扶伤的崇高品德，又要能处乱不惊、分工明确、有条不紊地进行抢救，并具有熟练的技术和丰富的临场经验。

（四）快抢、快救、快运送

急救必须分秒必争，当机立断，切勿延误时机。在得到初步处理后，尽快转送医院作进一步治疗。在运送途中，要确保患者的平稳安静，消除紧张情绪，并随时观察病情变化，必要时继续进行人工呼吸。

二、急救方法

（一）止血法

1.冷敷法

这种止血法常用于急性闭合性软组织损伤。最简便的方法是用冷水冲洗或冷毛巾敷于伤处，有条件者可使用氯化烷喷射。冷敷可以使血管收缩，减少局部充血，降低组织温度，抑制神经感觉，从而有止血、止痛和减轻局部肿胀的作用。

2.抬高伤肢法

将出血的肢体抬高超过心脏水平。抬高伤肢可以降低出血部位的血压，以减少出血。如果已采用加压包扎，仍应抬高伤肢。

3.压迫法

可以分为指压法、止血带法、包扎法等。指压法常用于动脉出血。方法是在出血部位盖上消毒纱布后，用手指腹压迫出血部位，也可指压出血部位的上端动脉管，以切断血流渠道。

止血带法即用止血带绑住出血部分的上方，避免绑在肘、膝关节附近。绑止血带的强度不可过紧或太松，以不要碰到脉搏的程度最好。每50～60min松绑一次，再快速送医处理。因为此法有引起末梢神经麻痹和血流障碍甚至肢体坏死的危险，如能用其他方法止血，就不要用此法止血。

常用止血带有布条、皮带、皮管、毛巾等。进行时先将伤肢抬高，然后在患处上方缚扎止血，缚扎时最好在伤处加垫，使其松紧适中，以防肢体组织坏死。

包扎法主要用绷带包扎，并根据不同部位和伤势进行不同方法的包扎。如环形包扎、螺丝形包扎、反折螺旋形包扎等。

4.强屈患肢止血法

只可使用于肘关节或膝关节以下的肢体，将棉垫置于肘窝或膝窝，再强屈其关节，并以绷带紧缚之，每20min要放松15s，并记录最后一次放松时间。

（二）搬运法

伤员经过现场急救后，应迅速安全地转运到安全处休息或直接送医院治疗，搬运方法包括扶持法、托抱法、椅抬法和三人托抱法等。

1. 扶持法

此法适用于神志清醒、伤势较轻、自己基本能步行的伤员。施救时挽住伤员的腰部，并让伤员一臂搭扶在自己肩上。

2. 托抱法

急救者托抱住伤员，并让伤员一臂挽住自己的肩颈部位。此法适合于身体虚弱的伤员。

3. 椅抬法

两名急救者两手搭成像椅子一样，让患者像坐椅子一样进行运送。

4. 三人托抱法

三人站在同一侧，将伤员托抱起来，并协调地行走。此法适用于体力严重衰弱和神志不清的伤员。

（三）人工呼吸法

人工呼吸法有举臂压胸法、仰卧心脏胸外挤压法、俯卧压背法、口对口人工呼吸法等。其中以仰卧心脏胸外挤压法和口对口人工呼吸法效果最好。

1. 仰卧心脏胸外挤压法

使患者仰卧，急救者两手上下重叠，用掌根置于患者的胸骨下半段处，借助于体重和肩臂力量，均匀而有节奏地向下施加压力，将胸骨下压 3～4cm 为度，然后迅速将手轻轻提起，胸骨也自然地弹回，如此反复进行，每分钟以 60～80 次的节律进行，直至恢复心脏跳动为止。

2. 口对口人工呼吸法

使患者仰卧，头部后仰，托住其下颌，捏住其鼻孔，压住其环状软骨（即食道管），防止空气吹入胃里。急救者深吸气，两口相对，将大口气吹入患者口中，吹气后将捏鼻子的手松开。如此反复进行，吹气频率每分钟 16～18 次，直至患者自主恢复呼吸为止。如患者牙关紧叩，一时撬不开，则采取口对鼻吹气法。进行时，其他操作方法同上。

第三节 常见运动损伤的处置方法与预防措施

一、肌肉拉伤

肌肉拉伤指肌纤维撕裂而致的损伤。主要由于运动过度或热身不足造成，可根据疼痛程度知道受伤的轻重，一旦出现痛感应立即停止运动，并在痛处敷上冰块或冷毛巾，保持30min，以使小血管收缩，减少局部充血、水肿。切忌搓揉及热敷。

预防：主要针对发生的原因进行预防，特别是要做好运动前的准备活动，防止运动量过大和过度疲劳，注意提高身体的协调性和动作技巧。

二、肌肉挫伤

肌肉挫伤指由于身体局部受到钝器打击而引起的组织损伤。轻度损伤不需特殊处理，经冷敷处理24h后可用活血化瘀酊剂，局部可用伤湿止痛膏贴上，在伤后第一天予以冷敷，第二天则热敷，约一周后症状可消失。较重的挫伤可用云南白药加白酒调敷伤处并包扎，隔日换药一次，每日2~3次，加理疗。

预防：练习者要控制好运动量，避免在过于疲劳状况下继续进行锻炼，锻炼时要注意身体的协调性、机灵性，避免不必要的冲撞，特别要提高自我保护能力。

三、急性腰扭伤

急性腰扭伤指运动时，身体重心不稳或肌肉收缩不协调，引起的腰部损伤。多数因腰部受力过重，或脊柱运动时超过了正常生理范围。腰部急性扭伤后，让患者平卧，一般不应立即移动。如果剧烈疼痛，则用担架抬送医院治疗。处理后，应使伤者卧硬板床或在腰后垫一个枕头，使其肌肉韧带处于放松状态。也可针灸、外敷伤药或按摩。

预防：运动前要做好全身性准备活动，特别是腰部准备活动。如前后弯腰，左右转身，身体绕环，上伸下蹲等，运动时注意姿势的正确性、动作的协调性，用力要得当，平时要加强腰部肌力的锻炼，以提高腰部肌力。

四、肩关节扭伤

肩关节扭伤一般因肩关节用力过猛以及反复劳损所致，也有的是因技术错误，违反解剖学原则而造成损伤，如投掷、排球扣球、大力发球时常出现这类损伤。其症状有压痛、疼痛，急性期有肿胀，慢性期三角肌可能出现萎缩，肩关节活动受限。单纯韧带扭伤，可采用冷敷、加压包扎。24h 后可采用理疗、按摩和针灸治疗。出现韧带断裂时，应立即送医院缝合和固定处理。当肩关节肿胀和疼痛减轻后，可适当施行功能性锻炼，但不宜过早活动，以防止转为慢性。

五、踝关节扭伤

踝关节扭伤指运动中跳起落地时失去平衡，使踝关节过度内翻或外翻致伤。在准备活动不充分，场地不平坦的情况下，更易造成这类损伤。主要症状为伤处疼痛、肿胀，韧带损伤处有明显压痛、皮下瘀血。受伤后，应立即冷敷，用绷带固定包扎，并抬高伤肢，24h 后，根据伤情采取综合治疗，如外敷伤药、理疗、按摩，必要时做封闭治疗。待病情好转后，施行功能性练习。对严重患者，可用石膏固定。

六、擦伤

擦伤即皮肤的表皮损伤。如擦伤部位较浅，只需涂红药水即可；如擦伤创面较脏或有渗血时，应用生理盐水清创后再涂上红药水或紫药水。

重度擦伤指静脉或动脉出血，采用压迫止血法。①颈总动脉：压甲状软骨外搏处，用于颈部及头面部出血时。②锁骨下动脉：按压锁骨上窝处，用于上臂上部、肩部出血时。③肱动脉：在上臂的上中 1/3 交界处，肱二头肌内侧缘处，用四指压向肱骨，用于前臂及手部出血时。④股动脉：指压大腿前近腹股沟的搏动处，用于下肢出血时。

七、撕裂伤

撕裂伤指在剧烈、紧张运动时，或受到突然强烈撞击，造成肌肉撕裂。其中包括开放伤和闭合伤两种。常见有眉际撕裂、跟腱撕裂等。开放伤顿时出血，周围肿胀。闭合伤触及时有凹陷感和剧烈疼痛。轻度开放伤，用红药水涂抹伤处即可；裂口大时，则需止血和缝合伤处，必要时注射破伤风抗毒血清，以防破伤风症。如肌腱断裂，则需手术缝合。

八、骨折

常见骨折分为两种，一种是皮肤不破，没有伤口，断骨不与外界相通，称为闭合性骨折；另一种是骨头的尖端穿过皮肤，伤口与外界相通，称为开放性骨折。

（一）骨折的原因、症状及一般处理

原因：运动中身体某部位受到直接或间接暴力撞击时，肌肉强烈收缩时均可导致骨折。如踢足球时，小腿被踢可能造成胫骨骨折。

症状：伤处剧烈疼痛，活动时加剧，局部肿胀，皮下瘀血。功能丧

失，肌肉痉挛，骨折部位发生变形，伤肢变短或成角畸形，严重骨折常伴有出血和神经损伤，甚至可导致休克发生。

处理：如果出现休克，应先抗休克。安静平卧，注意保暖，必要时进行人工呼吸，可点掐和针刺人中、涌泉、百会、十宣等穴位。如果伴有伤口出血，则应立即止血包扎伤口。骨折后不要移动伤肢，应用夹板就地固定，夹板的长宽要适合，其长度必须超过骨折部约上下两个关节。

没有夹板时可用树枝等代替或将伤肢固定于伤者自己身上。夹板与皮肤间应垫软物，固定的松紧要合适、牢靠。开放性骨折，外露的骨端不要放回伤口内，以免造成深部感染，固定伤肢后及时送医院治疗。

（二）骨折固定包扎方法

骨折后要限制伤处活动，避免加重损伤和减少疼痛，用夹板固定骨折是最简单有效的方法。

1.绷带包扎法

（1）环形包扎法。此法适用于包扎额部、手腕和小腿下部等粗细均匀的部位，也用于其他绷带包扎法的开始和结束。包扎时将绷带带头斜放于包扎处，用一手拇指压住，将卷带环绕包扎一圈后，再将斜放的带头一个小角反折过来，然后继续环绕包扎，后一圈覆盖前一圈，包扎 3 ~ 4 圈即可（图 7-1）。

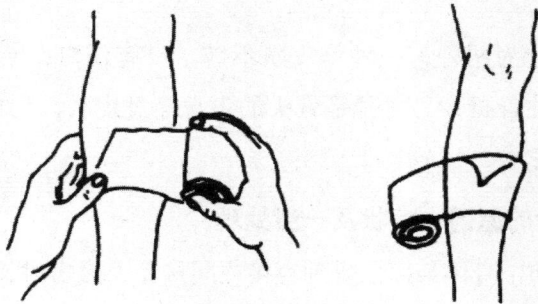

图7-1 环形包扎法

（2）螺旋形包扎法。此法适用于包扎上臂、大腿等肢体粗细相差不多的部位。包扎时以环形包扎法开始，然后将卷带向上斜行缠绕，后一圈盖前一圈 1/2 到 2/3 即可（图 7-2）。

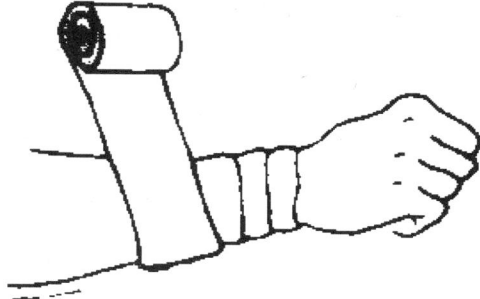

图7-2　螺旋形包扎法

（3）反折螺旋形包扎法。此法适用于包扎前臂、大腿和小腿等肢体粗细差别较大的部位。包扎时以环形包扎法开始，然后用一拇指压住卷带上缘，将其上缘反折（注意要避开伤处）并压住前一圈的 1/2 到 2/3，每圈的折线应互相平行（图 7-3）。

图7-3　反折螺旋形包扎法

（4）"8"形包扎法。适用于包扎关节部位，有两种方法：

一种是从关节中心开始"8"形包扎法。先做环形包扎，然后将卷带斜行缠绕，一圈绕关节的上方，一圈绕关节的下方，两圈在关节凹面交叉，反复进行，逐渐远离关节。包扎时每圈压住前一圈的 1/2 到 2/3，最后在关节的上方或下方以环形包扎结束（图 7-4）。

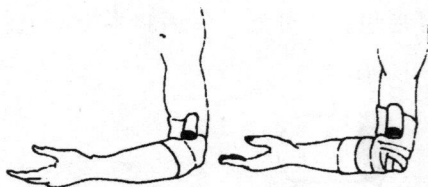

图7-4 "8"形包扎法

另一种是从关节下方开始"8字形包扎法"。先做环形包扎，然后将卷带自下而上、自上而下来回做"8"字形缠绕并逐渐靠拢关节，最后以环形包扎结束（图7-5）。

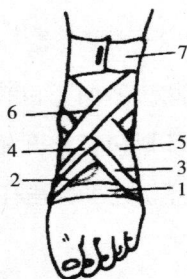

图7-5 环形包扎结束

2. 三角巾包扎法

（1）手部包扎法。三角巾平铺，患者手掌向下，指尖对三角巾的顶角平放在三角巾的中央，底边横放于腕部，然后将三角巾的顶角向上反折，再将两底向手腕背部交叉围绕一圈，在腕背打结（图7-6）。

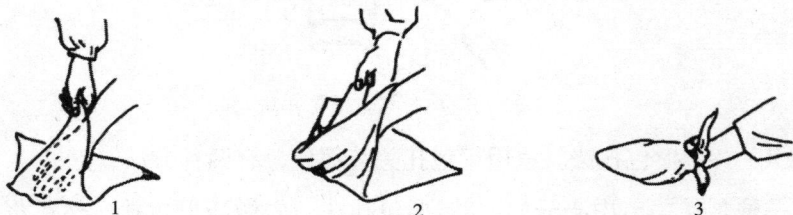

图7-6 手部包扎法

（2）足部包扎法。与手部包扎法基本相同。

（3）头部包扎法。将三角巾的底边置于前额，顶角朝向头后正下，然后将底边从前额绕至头后，在枕后交叉再绕至前额打结，最后把顶角拉紧并向上翻转固定（图7-7）。

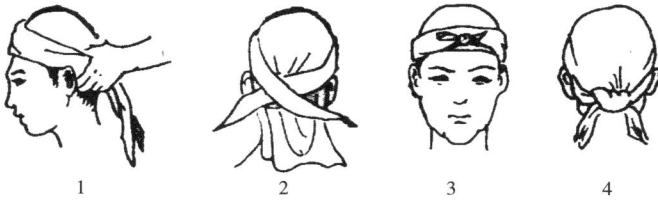

图7-7　头部包扎法

（4）大悬臂带。适用于除肱骨与锁骨骨折以外的上肢损伤。将三角巾顶角放在伤肢的肘后，一底角置于健侧的肩上，肘关节屈曲，前臂放在三角巾的中央，将下方的底角上折，包住前臂，在颈后与上方底角打结，最后把肘后的顶角折向前面，用橡皮膏或别针固定（图7-8）。

图7-8　大悬臂带

（5）小悬臂带。此法适用于锁骨骨折。将三角巾叠成四横指宽的宽带，其中央置于伤肢前臂的下1/3处，两端在颈后打结（图7-9）。

图7-9　小悬臂带

167

九、出血

出血有外出血和内出血两种。按损伤的血管不同，还可分为动脉出血、静脉出血和毛细血管出血。

（一）症状

若是动脉出血，血色鲜红，呈喷射状流出；若为静脉出血，则血色暗红，缓慢持久地向外流出；毛细血管出血，其血色红，血液在创面上点状渗出，可自行凝固。

（二）外伤止血法

1. 包扎法止血

一般限于无明显动脉性出血的小创口出血。有条件时先用生理盐水冲洗局部，再用消毒纱布覆盖创口或用绷带、三角巾包扎。无条件时可用冷开水冲洗，再用干净毛巾或其他软质布料覆盖包扎。

如果创口较大而出血较多，要加压包扎止血。包扎的压力应适度，以达到止血而又不影响血液运输为度。包扎后若远端动脉还可触到搏动，皮色无明显变化即为适度。严禁用面粉等物质撒在伤口上，造成伤口进一步污染，给下一步清洁带来困难。

2. 指压法止血

用于急救处理较急剧的动脉出血。手边一时无包扎材料和止血带时，可用此法。手指压在出血动脉的近心端的邻近骨头上，阻断血运来源，方便简单，能迅速有效地达到止血的目的，缺点是止血不易持久。

3. 压迫法止血

（1）头面部出血。压迫颞浅动脉：一手扶住受伤者额部或枕部，另一手拇指压在耳前下颌关节处，可止同侧上额、颞部及头顶部出血（图7-10）。压迫颌外动脉：一手固定受伤者的头部，另一只手拇指压在下颌骨的下缘与咬肌的前缘的交界处，将颌外动脉压于下颌骨上，可止面部出血。常需将两侧动脉同时压住，才能充分止血（图7-11）。

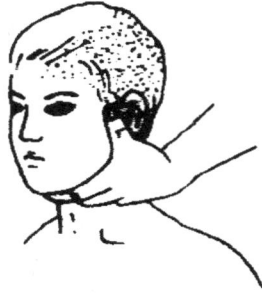

图7-10　压迫颞浅动脉止血

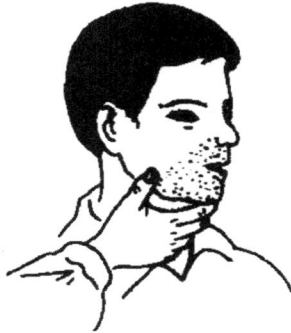

图7-11　将两侧动脉同时压住止血

（2）肩部和上肢出血。压迫锁骨下动脉：在锁骨上窝内1/3处摸到动脉搏动后，用力向后下将其压在锁骨上，可止肩部和上肢出血（图7-12）。压迫肱动脉：用手指在肱二头肌内侧沟处触到脉搏后，将其压在肱骨上，可止前臂出血（图7-13）。

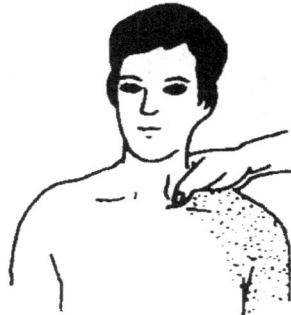

图7-12　压迫锁骨下动脉止血

169

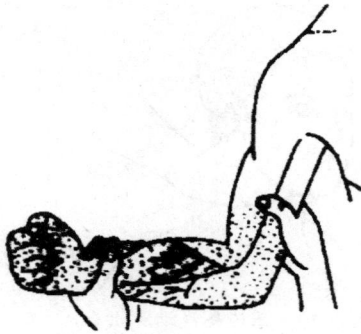

图7-13 压迫肱动脉止血

（3）下肢出血。压迫股动脉：在大腿根部，腹股沟中点下方，摸到股动脉搏处，用双手拇指重叠将股动脉用力压在股骨上，可止下肢出血（图7-14）。

（4）胫前、胫后动脉出血。用一只手的拇、食指或两手的拇指分别按压在内踝与跟骨间和足背横纹的中点（图7-15）。可用于同侧足部出血的临时止血。

较大的肢体动脉出血，为运送伤者方便起见，应用止血带（用橡皮带、宽布条、三角巾、毛巾等均可）法止血（图7-16）。

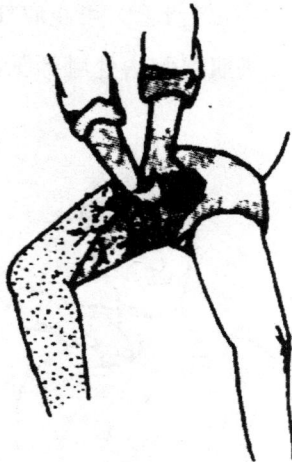

图7-14 下肢出血止血

图7-15　胫前、胫后动脉出血止血

图7-16　用止血带止血

4.止血带止血

（1）上肢出血：止血带应结扎在上臂的中上 1/3 处。禁止扎在中段，避免损伤桡神经。

（2）下肢出血：止血带扎在大腿的中部。

用止血带前，先要将伤肢抬高，尽量使静脉血回流，并用软织敷料垫好局部，然后扎止血带，以止血带远端肢体动脉刚刚摸不到为度。

使用止血带应严格掌握适应征和要领，如扎得太紧，时间过长，均可引起软组织压迫坏死，肢体远端血流障碍，肌肉萎缩，甚至产生挤压症。如果扎得不紧，动脉远端仍有血流，而静脉的回流完全受阻，反而造成出血更多。扎好止血带后，一定要做明显的标志，标明上止血带的部位

171

和时间，以免忘记定时放松，造成肢体缺血时间过久而坏死。上止血带后30～60min放松一次，放松3～5min后再扎上。放松止血带时可暂用指压法止血。

十、关节脱位

因受外力作用，使关节面失去正常的连接关系，叫关节脱位，又称脱臼。关节脱位可分为完全脱位和半脱位（或称错位）两种。严重的关节脱位，伴有关节囊撕裂，甚至损伤神经。运动中发生的关节脱位，大多是间接外力撞击所致，可用长度和宽度相称的夹板固定伤肢。如果没有夹板，可将伤肢固定在自己的躯干或健肢上，防止震动，随后及时送医院治疗。必须指出，如果没有把握做整复处置时，切不可随意做整复手术，以免再度增加伤害。

十一、脑震荡

脑震荡是指头部受外力作用后，脑的神经细胞和神经纤维因被震荡而引起的一时性意识和机能障碍。头部受伤时，伤后意识立刻丧失，一般为几秒钟至几分钟，最多不超过半小时。昏迷时，神经反射减弱或消失，肌肉松弛，脉象细弱，呼吸慢而表浅，醒后有逆行性遗忘的现象，即忘记了受伤的经过，但对往事记忆清楚。可伴有头昏、头痛、恶心、呕吐等症状。

急救时应让伤员平卧、安静，不可坐起或立起。头部冷敷，身上保暖。若有昏迷可指掐人中穴和内关穴，呼吸发生障碍时，可施以人工呼吸。上述处理后，出现反复昏迷或耳鼻口出血、瞳孔放大又不对称时，表明病情严重，应立即护送医院治疗。在运送途中，要让患者平卧，头部固定，避免颠簸。

十二、溺水

溺水是指因技术错误或发生肌肉抽筋等各种原因，使人体坠入水下，随后水经口鼻进入肺内而造成呼吸道阻塞。同时因冷水或吸水的刺激引起咽喉痉挛而导致窒息；由于患者的不断挣扎，反使窒息加重，最终导致缺氧和昏迷。如果时间稍长，即会危及生命。

窒息昏迷后，患者脸色苍白而肿胀，双眼充血，口鼻充满泡沫，肢体冰冷，又因胃内充水，而上腹部胀大，甚至出现呼吸与心跳停止。

救护步骤如下：

（1）立即就地抢救，清除口腔中分泌物和其他异物，并迅速进行倒水。

（2）若心跳已停止，应同时施行心脏胸外挤压法（以1∶4频率进行），或口对口人工呼吸法。急救者之间应相互协调配合，积极、耐心，直至自主恢复呼吸为止。

（3）苏醒后，立即护送到医院，作进一步检查和治疗。在运送途中，必要时继续进行人工呼吸。

经过现场急救后，迅速将溺水者送到附近的医院继续抢救治疗。

知识拓展

RICE原则

软组织挫伤主要遵循"RICE 原则"进行处理，即制动（Rest），冷敷（Ice），加压（Compression），抬高（Elevation）。

制动（Rest）：立即停止运动，让损伤部位马上处于静止状态。

冷敷（Ice）：可以减轻疼痛和痉挛，降低细胞代谢速率，降低细胞坏死风险，控制损伤部位的肿胀（20～30min 一次，间隔为皮肤回暖后再冷敷，直至疼痛缓解）。

加压（Compression）：使损伤部位皮下出血现象减轻，并促进其吸收。

抬高（Elevation）：把损伤部位抬到比心脏高的位置，减轻皮下组织出血，促进静脉的回流，减轻肿胀。

名人故事

错练跳水

17 年前的她只有 6 岁,还在上幼儿园。

当时体校教练来挑小队员,一眼就看上了她,她以为是去学游泳,便乐呵呵地跟教练去了。到跳水池前一站她就有点后悔,怎么都不肯往下跳,被教练逼着跳了一次吧,嘿,就选上了。

11 岁时,郭晶晶一次随队赶赴南京集训,被当时的国家队教练于芬看上了。于芬问她:"想到国家队来么?"她天真地回答:"想!"一条辉煌的冠军之路便逐渐在她面前铺开。

1994 年全国跳水锦标赛,郭晶晶独揽女子十米台和三米板的两枚金牌后,人们都惊呼:中国又出了一个年仅 13 岁的奇才!

曾经沧海

1994 年和 1995 年两年的异彩乍放,让国人对她的期望值迅速攀升,但 1996 年的亚特兰大奥运会,给她带来了人生中第一次重大挫折。

虽然在女子十米跳台的奥运预赛时,她的积分还领先于所有对手,但到决赛时却因失误终落第五。

之后她从板台兼顾改到了专攻跳板,而"跳水天后"伏明霞的复出,使郭晶晶往往只能屈居亚军。来雅典前,郭晶晶参加了两届奥运会,只夺得两枚银牌。

出征雅典

不管外界对郭晶晶是何种看法,中国跳水队教练非常清楚郭晶晶的实力。带过她的几个教练都说这个队员起跳有力,动作协调性好,悟性也高。

事实的确如此。多年的积累使郭晶晶在伏明霞退役后迅速巩固了中国在女子跳板上的霸主地位。2001 年世锦赛、2002 年世界杯、2003 年世锦赛,每年跳水最高级别赛事的女子三米板单人冠军都没逃出她的手心。

出征雅典，心里有底的郭晶晶，求胜心很强。首战便和队友吴敏霞合作，夺取了双人三米跳板的金牌。

心静夺冠

单人预赛她跳砸了一个动作，但曾经沧海的她已经磨出了一颗平常心。平静地比过半决赛后，郭晶晶规定动作的积分已经升到了第一位，决赛四轮动作下来，郭晶晶几近完美，将对手远远甩在身后。

最后一跳，郭晶晶平静地理了理头发，走板起跳，向外翻腾一周半接转体两周半，她在空中干净地完成了动作，"刷"的一声入水，现场的五星红旗立即挥舞不止。出水后郭晶晶的笑容像碧池中的涟漪漾了开来。

思考训练

（1）运动损伤预防的原则及基本方法有哪些？

（2）怎样预防体育锻炼中常见的运动损伤？

（3）运动过程中肌肉拉伤应如何处理？

（4）止血的方法有哪些？

第八章
健身气功

学习目标

了解健身气功的概念。

掌握简化太极拳（16 式）的动作要领。

了解易筋经、五禽戏和八段锦的基本动作和练习方法。

思政之窗

健身气功是以健身为目的，以较为和缓的形体活动为基础，身心状态趋向于调身、调息、调心合一的体育运动项目。2003 年 2 月，国家体育总局已将健身气功确立为第 97 个体育运动项目；健身气功在十三届全运会（天津）上被列为正式群体竞赛项目。

第一节　健身气功概述

一、概述

健身气功是以自身形体活动、呼吸吐纳、心理调节相结合为主要运动形式的民族传统体育项目。健身气功是中华优秀传统文化的重要组成部分，它包含着中医学、儒家、道家、佛家等修身养性的文化理念，又和中国古代哲学思想融合在一起，强调人与自然、人与社会合一，达到身心和谐的完美境界。所以健身气功的最高境界是天人合一。

健身气功是一项通过调身、调息、调心锻炼，来调顺人体系统功能状态，改善身体健康状况，使身心达到高度和谐的技能。

健身气功区别于其他肢体运动锻炼，更重要的是赋予了调息、调心的内容，强调"三调合一"，"三调合一"就是调健康。

"三调合一"既体现了中华传统文化智慧，也符合现代养生理念。

二、健身气功的几大功效

（一）对神经系统的作用

（1）加强记忆，激活脑细胞。

（2）消除大脑皮层紧张、释放压力。

（3）对神经衰弱、神经官能症有明显改善。

（4）供血充足，改善深层脑细胞。

（二）对血液循环系统的作用

进入气功状态能使人的供血量自动调节。当你休息时需要血量少，供血就少一点，心脏就休息了，当你身体某些部位需要血量多的时候，就多供血。气功使毛细血管扩张，脉搏跳动增强，减少心脏耗氧量，增强心脏功能。

（三）对呼吸系统的作用

（1）明显减少呼吸次数，显著增强肺功能。

（2）一呼一吸为之息，细匀深长的腹式呼吸。

（3）寿命通俗名称"气数"，气数就是人呼吸的次数，人气数到了，生命终止。

（四）对消化系统的作用

练功使人体的唾液、肠液、胃液的增加，肠蠕动增强。唾液中还含有许多淀粉霉、蛋白质、微量元素等物质，因此练功状态下的唾液叫作"金津玉液"。练功中的唾液不能轻易吐掉，可以把它在口腔里漱一漱，再吞下去。

（五）对免疫功能的作用

可以使免疫系统得到理想的调节和改善。现代医学研究证明，静不仅是恢复体力的过程，也是提高免疫力的过程。人体免疫细胞（白血球、淋巴细胞）在人体活动时，它们处于休息，只有人在静态时（睡眠、打坐、站桩）它们才工作。抵御疾病、战胜细菌，这是一般药物所达不到的。

（六）对肌肉、骨骼的作用

（1）增强了上下肢的力量。

（2）对防止骨折、预防骨质疏松有一定疗效，通过抻拉筋骨，抻开各关节，提高关节灵活性。

（七）对韧带、协调性的作用

（1）筋长一寸，延寿十年；宁练筋长一寸，不练肉厚三分。

（2）动作的前后、左右、上下，平衡、静止等，对灵敏性、协调性有很好的帮助。

（八）陶冶性情、增进友谊

（1）心情愉悦、精神焕发（观赏、丰富生活）。

（2）广交朋友、交流技艺。

流行的主要健身气功有九种：易筋经、五禽戏、六字诀、八段锦、十二段锦、大舞、导引养生功十二法、马王堆导引术和太极养生杖。

第二节　太极拳

太极拳是一种柔和、缓慢的拳术。动作圆活并处处带有弧形，运动前后贯串。练习太极拳，对中枢神经系统、呼吸和心脏血管系统、消化系统、骨骼肌肉等运动器官都有良好作用。再加上它要求意识引导动作，配合均匀深沉的呼吸，练习之后，周身血脉流通而又不气喘，身心舒适，精神焕发。因此，它也适合于一些慢性病患者作为医疗体育的手段，有较大的医疗保健价值。

下面介绍简化太极拳（16 式）动作要领。

一、起势

（1）身体自然直立，两脚开立，与肩同宽，脚尖向前；两臂自然下垂，两手放在大腿外侧；眼向前平看。

（2）两臂慢慢向前平举，两手高与肩平，与肩同宽，手心向下。

（3）上体保持正直，两腿屈膝下蹲；同时两掌轻轻下按，两肘下垂与两膝相对；眼平视前方。起势动作，如图8-1所示。

图8-1　起势

二、左右野马分鬃

（1）上体微向右转，身体重心移至右腿上；同时右臂收在胸前平屈，手心向下，左手经体前向右下画弧放在右手下，手心向上，两手心相对成抱球状；左脚随即收到右脚内侧，脚尖点地；眼看右手。

（2）上体微向左传，左脚向左前方迈出，右脚跟后蹬，右腿自然伸直，成左弓步；同时上体继续向左转，左右手随转体慢慢分别向左上右下分开，左手高与眼平，肘微屈；右手落在右胯旁，肘也微屈，手心向下，指尖向前；眼看左手。

（3）上体慢慢后坐，身体重心移至右腿，左脚尖翘起，微向外撇（为45°～60°），随后脚掌慢慢踏实，左腿慢慢前弓，身体左转，身体重心再移至左腿；同时左手翻转向下，左臂收在胸前平屈，右手向左上画弧放在左手下，两手心相对成抱球状；右脚随即收到左脚内侧，脚尖点地；眼看左手。

（4）右腿向右前方迈出，左腿自然伸直，成右弓步；同时上体右转，左右手随转体分别慢慢向左下右上分开，右手高与眼平（手心斜向上），肘微屈；左手落在左胯旁，肘也微屈，手心向下，指尖向上；眼看右手。

左右野马分鬃动作，如图8-2所示。

图8-2　左右野马分鬃

三、白鹤亮翅

（1）上体微向左转，左手翻掌向下，左臂平屈胸前，右手向左上划弧，手心转向上，与左手成抱球状；眼看左手。

（2）右脚跟进半步，上体后坐，身体重心移至右腿，上体先向右转，面向左前方，眼看右手；然后左脚稍向前移，脚尖点地，成左虚步，同时上体再微向左转，面向前方，两手随转体慢慢向右上左下分开，右手上提停于右额前，手心向左后方，左手落于左胯前，手心向下，指尖向前；眼平看前方。

白鹤亮翅动作，如图8-3所示。

图8-3　白鹤亮翅

四、左右搂膝拗步

（1）右手从体前下落，由下向后上方划弧至右肩外侧，肘微屈，手与耳同高，手心斜向上；左手由左下向上，向右下方划弧至右胸前，手心斜向下；同时上体先微向左再向右转；左脚收至右脚内侧，脚尖点地，眼看右手。

（2）上体左转，右脚向前（偏左）迈出成左弓步；同时右手屈回由耳侧向前推出，高与鼻尖平，左手向下由左膝前搂过落于左胯旁，指尖向前；眼看右手手指。

（3）右腿慢慢屈膝，上体后坐，身体重心移至右腿，左脚尖翘起微向外撇，随后脚掌慢慢踏实，左腿前弓，身体左转，身体重心移至左腿，右脚收到左脚内侧，脚尖点地；同时左手向外翻掌由左后向上划弧至左肩外侧，肘微屈，手与耳同高，手心斜向上；右手随转体向上、向左下划弧落于左胸前，手心斜向下；眼看左手。

左右搂膝拗步动作，如图 8-4 所示。

图8-4　左右搂膝拗步

五、进步搬拦锤

（1）身体微左转，重心渐移向左腿。同时，左肘随转体略下沉，左掌随势外旋使掌心翻朝上；右拳内旋向前上伸击过左掌上侧，高与肩平，拳心朝下，眼神关顾右拳前伸。

（2）身体继续左转，重心移于左腿坐实。同时，两手随势向左捋，右拳在前，左掌在后，相距一前臂（腕肘之间的距离）。两眼向前平视，眼神关顾两手捋回。

（3）身体稍右转，右腿提回，脚尖自然下垂，成独立步。同时，右拳继续弧形下移经腹前向左上稍绕，拳心朝里；左掌向左、向上画弧，高不过耳，随画弧内旋，掌心翻朝右下。眼神稍顾拳掌画绕，即向前平视。

（4）身体渐右转（向西），右脚向右前（略偏西北）迈出一步，先以脚跟着地，脚尖外撇。同时，右拳向上、向前搬出，随搬势外旋使拳心渐翻转至拳眼向上；左掌根随势移护于右腕里侧，两手高齐肩。眼神关顾双手，即向前平视。

（5）身体继续右转，右脚掌踏实，重心渐全部移于右腿，左腿前迈虚悬。同时，随转腰势右臂外旋向右下搬，并渐向下微弧形抽回，拳心渐朝上；左掌随势微内旋坐掌，经右前臂里侧向前拦。

（6）身体继续微右转，左脚向前直线迈出，先以脚跟着地；右腿裆劲略沉。左掌随势平直向前拦格，沉肘，坐腕、立掌，掌缘向前。同时，右拳弧形收回右腰侧，肘尖不露背，拳心朝上，右前臂外侧和拳用意贯劲沉住；左掌劲往前发，左掌与右肘成对拉之势。眼神关顾左掌前伸拦格。

（7）身体微左转，重心渐移于左腿，至全脚踏实，弓左腿，蹬右腿，成左弓步。同时，右拳内旋随势向前击出，拳眼朝上；左掌微向胸前里收，坐腕、指尖斜朝上，掌心朝右，移护于右前臂近腕部处，似贴非贴，助右拳前击势图。

进步搬拦锤动作，如图8-5所示。

图8-5 进步搬拦锤

六、如封似闭

（1）左手由右腕下向前伸出，右拳变掌，两手手心逐渐翻转向上并慢慢分开回收；同时身体后坐，左脚尖翘起，身体重心移至右腿；眼看前方。

（2）两手在胸前翻掌，向下经腹前再向上、向前推出，腕部与肩平，手心向前；同时左腿前弓成左弓步；眼看前方。

如封似闭动作，如图8-6所示。

图8-6　如封似闭

七、单鞭

（1）上体后坐，身体重心逐渐移至左腿上，右脚尖里扣；同时上体左传，两手（左高右低）向左弧形运转，直至左臂平举，伸于身体左侧，手心向左，右手经腹前运至左肋前，手心向后上方；眼看左手。

（2）身体重心再渐渐移至右腿上，上体右转，左脚向右脚靠拢。脚尖点地；同时右手向右上方划弧 (手心由里转向外)，至右侧方时变勾手，臂与肩平；左手向下经腹前向右上划弧停于右肩前，手心向里；眼看左手。

（3）上体微向左转，左脚向左前侧方迈出，右脚跟后蹬，成左弓步；在身体重心移向左腿的同时，左掌随上体的继续左转慢慢翻转向前推出，手心向前，手指与眼齐平，臂微屈；眼看左手。

单鞭动作，如图 8-7 所示。

图8-7　单鞭

186

八、手挥琵琶

右脚跟进半步，上体后坐，身体重心转至右腿上，上体半面向右转，左脚略提起稍向前移，变成左虚步，脚跟着地，脚尖翘起，膝部微屈；同时左手由左下向上挑举，高与鼻尖平，掌心向右，臂微屈；右手收回放在左臂肘部里侧，掌心向左；眼看左手食指。

手挥琵琶动作，如图8-8所示。

图8-8　手挥琵琶

九、倒卷肱

（1）上体右转，右手翻掌（手心向上）经腹前由下向后上方划弧平举，臂微屈，左手随即翻掌向上；眼的视线随着向右转体先向右看，再转向前方看左手。

（2）右臂屈肘折向前，右手由耳侧向前推出，手心向前，左臂屈肘后撤，手心向上，撤至左肋外侧；同时左腿轻轻提起向后（偏左）退一步，脚掌先着地，然后全脚慢慢踏实，身体重心移到左腿上，成右虚步，右脚随转体以脚掌为轴扭正；眼看右手。

（3）上体微向左转，同时左手随转体向后上方划弧平举，手心向上，右手随即翻掌，掌心向上；眼随转体先向左看，再转向前方看右手。

左右倒卷肱动作，如图 8-9 所示。

图8-9　倒卷肱

十、左右穿梭

（1）身体微向左转，左脚向前落地，脚尖外撇，右脚跟离地，两腿屈膝成半坐盘式；同时两手在左胸前成抱球状（左上右下）；然后右脚收到左脚的内侧，脚尖点地；眼看左前臂。

（2）身体右转，右脚向右前方迈出，屈膝弓腿，成右弓步；同时右手由脸前向上举并翻掌停在右额前，手心斜向上；左手先向左下再经体前向前推出，高与鼻尖平，手心向前；眼看左手。

（3）身体重心略向后移，右脚尖稍向外撇，随即身体重心再移至右腿，左脚跟进，停于右脚内侧，脚尖点地；同时两手在右胸前成抱球状（右上左下）；眼看右前臂。

左右穿梭动作，如图 8-10 所示。

图8-10　左右穿梭

十一、海底针

右脚向前跟进半步，身体重心移至右腿，左脚稍向前移，脚尖点地，成左虚步；同时身体稍向右转，右手下落经体前向后、向上提抽至肩上耳旁，再随身体左转，由右耳旁斜向前下方插出，掌心向左，指尖斜向下；与此同时，左手向前，向下划弧落于左胯旁，手心向下，指尖向前；眼看前下方。

海底针动作，如图8-11所示。

图8-11 海底针

十二、闪通臂

上体稍向右转，左脚向前迈出，屈膝弓腿成左弓步；同时右手由体前上提，屈臂上举，停于右额前上方，掌心翻转斜向上，拇指朝下；左手上起经胸前向前推出，高与鼻尖平，手心向前；眼看左手。

闪通臂动作，如图8-12所示。

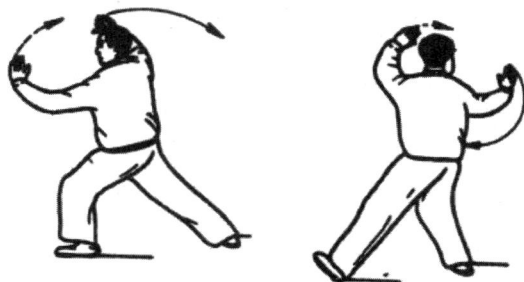

图8-12 闪通臂

十三、云手

（1）身体重心移至右腿上，身体渐向右转，左脚尖里扣；左手经腹前向右上划弧至右肩前，手心斜向后，同时右手变掌，手心向右前；眼看左手。

（2）上体慢慢左转，身体重心随之逐渐左移；左手由脸前向左侧运转，手心渐渐转向左方；右手由右下经腹前向左上划弧，至左肩前，手心斜向后；同时右脚靠近左脚，成小开立步（两脚距离 10～20cm）；眼看右手。

（3）上体再向右转，同时左手经腹前向右上划弧至右肩前，手心斜向后；右手向右侧运转，手心翻转向右；随之左腿向左横跨一步；眼看左手。

云手动作，如图 8-13 所示。

图8-13　云手动作

十四、揽雀尾

（1）上体微向右转，同时右手随转体向后上方划弧平举，手心向上；眼看左手。

（2）身体继续向右转，左手自然下落逐渐翻掌经腹前划弧至右肋前，手心向上；右臂屈肘，手心转向下，收至右胸前，两手相对成抱球状；同时身体重心落在右腿上，左脚收到右脚内侧，脚尖点地；眼看右手。

（3）上体微向左转，左脚向左前方迈出，上体继续向左转，右腿自然蹬直，左腿屈膝，成左弓步；同时左臂向左前方送出（即左臂平屈成弓形，用前臂外侧和手背向前方推出），高与肩平，手心向后；右手向右下落放于右胯旁，手心向下，指尖向前；眼看左前臂。

（4）身体微向左转，左手随即前伸翻掌向下，右手翻掌向上，经腹前向上、向前伸至前臂下方；然后两手下捋，即上体向右转，两手经腹前向右后上方划弧，直至右手手心向上，高与肩齐，左臂平屈于胸前，手心向后；同时身体重心移至右腿；眼看右手。

（5）上体微向左转，右臂屈肘折回，右手附于左手腕里侧（相距约5cm），上体继续向左转，双手同时向前慢慢挤出，左手心向后，右手心向前，左前臂要保持半圆；同时身体重心逐渐前移变成左弓步；眼看左手腕部。

（6）左手翻掌，手心向下，右手经左腕上方向前、向右伸出，高与左手齐，手心向下，两手左右分开，宽与肩同；然后右腿屈膝，上体慢慢后坐，身体重心移至右腿上，左脚尖翘起；同时两手屈肘回收至腹前，手心均向前下方；眼向前平看。

（7）上式不停，身体重心慢慢前移，同时两手向前，向上按出，掌心向前；左腿前弓成左弓步；眼平看前方。

左揽雀尾动作，如图8-14所示。

图8-14　左揽雀尾

（8）上体后坐并向右转，身体重心移至右腿，左脚尖里扣；右手向右平行划弧至右侧，然后由右下经腹前向左上划弧至左肋前，手心向上；左臂平屈胸前，左手掌向下与右手成抱球状；同时身体重心再移至左腿上，右腿收至左脚内侧，脚尖点地；眼看左手。

右揽雀尾动作，如图 8-15 所示。

图8-15　右揽雀尾

十五、十字手

（1）屈膝后坐，身体重心移向右腿，左脚尖里扣，向右转体；右手随着转体动作向右平摆划弧，与左手成两臂侧平举，掌心向前，肘部微屈；同时右脚尖随着转体稍向外撇，成右侧弓步；眼看右手。

（2）身体重心慢慢移至左腿，右脚尖里扣，随即向左收回，两脚距离与肩同宽，两腿逐渐蹬直，成开立步；同时两手向下经腹前向上划弧交叉合抱于胸前，两臂撑圆，腕高与肩平，右手在外，成十字手，手心均向后；眼看前方。

十字手动作，如图8-16所示。

图8-16　十字手

十六、收式

两手向外翻掌，手心向下，两臂慢慢下落，停于身体两侧；眼看前方。

收式动作，如图8-17所示。

图8-17　收式动作

第三节　易筋经

一、易筋经简介及练习要领

（一）易筋经简介

易筋经是一种内外兼练的医疗保健养生功法，相传为梁武帝时代印度和尚达摩所创。易筋经就是指改变筋骨的方法，经常练习易筋经可以收到防治疾病、延年益寿的效果。

道光年间后的武侠小说常常提到易筋经，极力地渲染了练成后的神奇功用，这对我们认识和理解易筋经的功能上造成了一些误解和分歧。本书意在还原易筋经内外兼练、强身健体的养生功法实质，强调其防治疾病、延年益寿的效果，便于更多的功法养生爱好者学习和掌握。

（二）练习要领

1.精神放松，形意合一

练习本功法要求精神放松，意识平静，不做任何附加的意念引导。通常不意守身体某个点或部位，而是要求意随形体动作的运动而变化。即在练习中，以调身为主，通过动作变化导引气的运行，做到意随形走，意气相随，起到健体养生的作用。同时，在某些动作中，需要适当地配合意识活动。如"韦驮献杵第三势"中双手上托时，要求用意念观注两掌；"摘星换斗势"中要求目视上掌，意存腰间命门处；"青龙探爪"时，要求意存掌心。而另一些动作虽然不要求配合意存，但要求配合形象的意识思维活动。如"三盘落地势"中下按、上托时，两掌有如拿重物；"出爪亮翅势"中伸肩、撑掌时，两掌有排山之感；"倒拽九牛尾势"中拽拉时，两膀如拽牛尾；"打躬势"中脊椎屈伸时，应体会上体如"勾"一样的卷曲伸展运动。这些都要求意随形走，用意要轻，似有似无，切忌刻意、执着于意识。

2. 呼吸自然，贯穿始终

练习本功法时，要求呼吸自然、柔和、流畅，不喘不滞，以利于身心放松、心平气和及身体的协调运动。相反，若不采用自然呼吸，而执着于呼吸的深长绵绵、细柔缓缓，则会在与导引动作的匹配过程中产生"风""喘""气"三相，即呼吸中有声（风相），无声而鼻中涩滞（喘相），不声不滞而鼻翼扇动（气相）。这样，练习者不但不受益，反而会导致心烦意乱，动作难以松缓协调，影响健身效果。因此，练习本功法时，要以自然呼吸为主，动作与呼吸始终保持柔和协调的关系。此外，功法的某些环节也要主动配合动作进行自然呼或自然吸。如"韦驮献杵第三势"中双掌上托时自然吸气；"倒拽九牛尾势"中收臂拽拉时自然呼气；"九鬼拔马刀势"中展臂扩胸时自然吸气，松肩收臂时自然呼气，含胸合臂时自然呼气，起身开臂时自然吸气；"出爪亮翅势"中两掌前推时自然呼气，等等。因为人体胸廓会随着这些动作的变化而扩张或缩小，吸气时胸廓会扩张，呼气时胸廓会缩小。因此，练习本功法时，应配合动作，随胸廓的扩张或缩小而自然吸气或呼气。

3. 刚柔相济，虚实相兼

本功法动作有刚有柔，且刚与柔是在不断相互转化的；有张有弛，有沉有轻，是阴阳对立统一的辩证关系。如"倒拽九牛尾势"中，双臂内收旋转逐渐拽拉至止点是刚，为实；随后身体以腰转动带动两臂伸展至下次收臂拽拉前是柔，为虚。又如"出爪亮翅势"中，双掌立于胸前呈扩胸展肩时，肌肉收缩的张力增大为刚，是实；当松肩伸臂时，两臂肌肉等张收缩，上肢是放松的，为柔；两臂伸至顶端，外撑有重如排山之感时，肌肉张力再次增大为刚，是实。这些动作均要求练习者在用力之后适当放松，松柔之后尚需适当有刚。这样，动作就不会出现机械、僵硬或疲软无力的松弛状况。因此，练习本功法时，应力求虚实适宜，刚柔相济。要有刚与柔、虚与实之分，但练习动作不能绝对地刚或柔，应做到刚与柔、虚与实的协调配合，即刚中含柔、柔中寓刚。否则，用力过"刚"，则会出现拙力、僵力，以致影响呼吸，破坏宁静的心境；动作过"柔"，则会出现疲软、松懈，起不到良好的健身作用。

4.循序渐进

个别动作配合发音练习本功法时，不同年龄、不同体质、不同健康状况、不同身体条件的练习者，可以根据自己的实际情况，灵活地选择各势动作的活动幅度或姿势，如"三盘落地势"中屈膝下蹲的幅度、"卧虎扑食势"中十指是否着地姿势的选择等。练习时还应遵循由易到难、由浅到深、循序渐进的原则。另外，本功法在练习某些特定动作的过程中要求呼气时发音（但不需出声）。如"三盘落地势"中的身体下蹲、两掌下按时，要求配合动作口吐"嗨"音，目的是为了下蹲时气能下沉至丹田，而不因下蹲造成下肢紧张，引起气上逆至头部；同时口吐"嗨"音，气沉丹田，可以起到强肾、壮丹田的作用。

二、易筋经的基本动作与技法

（一）韦驮献杵第一势

1.口诀

立身期正下，环拱手当胸，气定神皆敛，心澄貌亦恭。

2.动作姿势

（1）预备桩功：两脚平行站立，与肩等宽，双膝微屈，两臂自然下垂于身体两侧，五指自然并拢微屈，两眼平视前方，继而放松，轻轻闭合，眼若垂帘。心平气和，神能安详，洗心涤滤，心澄貌恭。全身自上而下头颈、肩、臂、手、胸、腹、臀、大腿、小腿、脚依次放松，躯体各关节及内脏放松，做到身无紧处，心无杂念，神意内收。

（2）拱手当胸：两臂徐徐前手举，掌心相对与肩等宽，两臂平直，再屈肘，肘节自然向下提坠，两手慢慢内收，距胸约一拳后，两手指尖相叠，拇指轻触，掌心向内。此时要求沉肩坠肘，含胸拔背，气沉丹田，舌抵上腭，面带微笑（图8-18）。

图8-18　韦驮献杵第一势

（二）韦驮献杵第二势

1.口诀

足趾挂地，两手平开，心平气静，目瞪口呆。

2.动作姿势

接上势，翻转掌心向下，指尖相对，在体前缓缓下接至小腹前，同时引气下导。两掌左右分开，翻转掌心朝上，缓慢上抬呈侧平举，意念在无限远处。两手微高于肩，两眼平视前方，极目远眺，舌尖放下平铺，松腰松胯，两足趾抓地，似要生根之状，全身放松，心平气和，排除杂念，摒弃诸缘（图8-19）。

图8-19　韦驮献杵第二势

（三）韦驮献杵第三势

1.口诀

掌托天门目上观，足尖着地立身端，力周腿胁浑如植，咬紧牙关不放宽；舌可生津将腭抵，鼻能调息觉心安，两拳缓缓收回处，用力还将挟重看。

2.动作姿势

（1）掌托天门目上举：接上势，两臂上举，掌心相对，翻转掌心向上，十指相对，舌抵上腭，仰面观天，眼看九天之外，脚跟提起，足尖着地。

（2）俯掌贯气：两掌心翻转朝下，肘微屈，头正，眼平视前方，舌尖放下，两身在身前缓缓下按至小腹前，神意自九天之外收回，自头顶百会穴透入，经咽喉、脊髓至尾闾，沿两腿直达涌泉。下导时，足跟随之着地（图8-20）。

图8-20　韦驮献杵第三势

（四）摘星换斗势

1.口诀

双手擎天掌覆头，再从掌内注双眸，鼻端吸气频调息，用力收回左右眸。

2.动作姿势

（1）双手擎天掌覆头：右手经身体右侧缓缓向上举起，掌心朝天，五指朝左弓，松肩直臂左手臂外劳宫紧贴命门。舌抵上腭，仰面上观手背，透过手背看九天之上，身体自命门起上下双向伸展。

（2）俯首贯气：右掌翻转向下，生屈肘，头正，舌尖自上腭自然放下，眼平视前方或轻闭，同时"神返身中"。久练后与双手擎天连续练习时有"人在气中，气在人内"，内外一气的感觉。松腰，则左掌劳宫穴发气，与上式俯掌贯气同，可参阅。

左手动作与右手动作相同，唯左右相反（图8-21）。

图8-21　摘星换斗势

（五）倒拽九牛尾势

1.口诀

两腿后伸前屈，小腹运气放松，用力在于两膀，观拳须注双瞳。

2.动作姿势

（1）左脚向左侧迈出一步成左弓步。同时，左手握拳上举，拳稍过头

199

顶，拳心向内，屈肘。前臂与上臂所成角度略大于直角。肘不过膝，膝不过足，成半圆形，两眼观左拳。右手握拳，直肘向后伸展，拳心向后，前后两拳成绞绳状，称为螺旋颈。松肩，两肩要平而顺达。背直，塌腰收臀，胸略内含，藏气于小腹，鼻息调匀，舌尖轻抵上腭。

（2）导气下达两拳放松成半握拳状。舌尖自上腭放下，肩、腰放松，左手劳宫穴发气，闭目。气自天目穴遂入，依次贯穿脑髓、脊髓、两腿骨髓，直达两脚涌泉穴。

（3）转身向右，与前式相同，唯左右相反（图8-22）。

图8-22　倒拽九牛尾势

（六）出爪亮翅势

1.口诀

挺身兼怒目，推手向当前，用力收回处，功须七次全。

2.动作姿势

（1）握拳护腰由第一势预备桩功，上身前俯，两臂在身前松垂，两手握拳，由身前缓缓提起，置于腰间，拳心朝上。同时配合顺气，身直胸展，舌尖轻抵上腭，青少年、年轻力壮或以增强力量为目的者，提起握紧拳。

（2）两拳变掌，缓缓向前推出，至终点时掌心朝前，坐腕屈指，高与肩平，两眼平视指端，延展及远。

（3）松腕，虚掌，十指微屈，屈肘，两手缓缓向胸胁收回，势落海水还潮，两眼轻闭，舌尖轻抵上腭，配以缓缓吸气（图 8-23）。

图8-23 出爪亮翅势

（七）九鬼拔马刀势

1.口诀

侧首弯肱，抱顶及颈，自头收回，弗嫌力猛，左右相轮，身直气静。

2.动作姿势

（1）右手后背，掌心朝外，置于腰部。左手上举过头，屈肘贴枕部抱头，手指压拉右耳，左腋张开。同时头颈腰背拧转向左后方，眼看右足跟。舌尖轻抵上腭，稍停片刻。

（2）拧身复正，侧头上观。两眼延展及远。舌尖轻抵上腭，身直气静。两手沿体前缓慢下落，恢复预备桩功。

动作（3）、（4）与（1）、（2）同，唯左右相反（图 8-24）。

图8-24 九鬼拔马刀势

（八）三盘落地势

1. 口诀

上腭坚撑舌，张眸意注牙，足开蹲似踞，手按猛如拿，两掌各翻起，千斤重有加，瞪睛兼闭口，起立足无斜。

2. 动作姿势

（1）同第一式预备柱功，屈腰下蹲，同时两掌分向身侧胯旁，指尖朝向左右侧方（微微偏前），虎口撑圆，眼看前方，延展及远。上虚下实，空胸实腹，松腰敛臀，气蓄小腹。要做到顶平、肩平、心平气静。练虚静功者可闭目敛神，铜钟气功即脱胎于此式，故亦可做单独桩法练之。

（2）两腿伸直，翻掌托起，如托千斤。同时吸气，舌抵上腭，眼向前平视，全身放松。

（3）俯掌屈膝下按（恢复马步蹲按），配以呼吸，如此反复蹲起3次。年轻体壮者则宜全蹲，站起时宜缓，同时握拳上提（图8-25）。

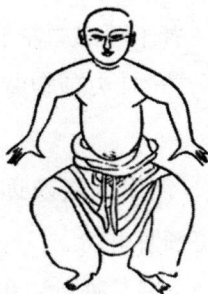

图8-25　三盘落地势

（九）青龙探爪势

1. 口诀

青龙探爪，左从右出，修士效之，掌平气实，力周肩背，围收过膝，两目平注，息调心谧。

2. 动作姿势

（1）上身微俯，两手握拳，缓缓自身前提起，置于腰间，拳心朝上，同时配合吸气。舌尖轻抵上腭。右拳以拳面抵于章门穴，左拳变掌上举过头，腰身缓缓屈向左侧，使左腰充分收缩，右腰极度伸展。掌心朝下，舌尖轻抵上腭，自然呼吸，眼看左掌。

（2）屈膝下蹲，左手翻转掌心朝上，手背离地面少许，沿地面自左方，经前方划弧至左脚外侧；右拳变掌落下，同时身体亦随之转正，两手握拳。直立，左掌同时提置左章门穴。右手动作与左手动作同，唯左右相反（图8-26）。

图8-26　青龙探爪势

（十）卧虎扑食势

1. 口诀

两足分蹲身似倾，屈伸左右腿相更，昂头胸作探前势，偃背腰还似砥平，鼻息调元均出入，指尖着地赖支撑，降龙伏虎神仙事，学得真形也卫生。

2. 动作姿势

（1）上身微俯，两手握拳，缓缓自身前提起，经腰间屈肘掌心朝上，身直胸展。不停，两拳顺着胸部向上伸至口手，拳心转向里，同时屈膝、屈胯、微蹲蓄势，配以深长吸气。

（2）左脚踏前一步，顺势成左弓步，同时臂内旋变掌向前下扑伸，掌高与胸齐，眼视两手。在扑伸的同时发"哈"声吐气。不停，身体前倾，腰部平直，将胸中余气呼尽，顺势两手分按至左脚两侧。头向上略抬，两眼平视及远，极目远眺（图8-27）。

前两个动作要协调一致。两脚不动，起身后坐同时两手握拳，沿左腿上提。其他动作与前述之动作同。如此共扑伸3次，左脚收回，右弓步与左弓步同，唯左右相反。

图8-27　卧虎扑食势

（十一）打躬势

1. 口诀

两手齐持脑，垂腰至膝间，头唯探胯下，口更啮牙关，掩耳聪教塞，调元气自闲，舌尖还抵腭，力在肘双弯。

2. 动作姿势

（1）两臂展直，自身侧高举过头，仰面观天，头颈正直，屈肘两手抱后脑，掌心掩耳，两肘张开，与肩平行。

（2）上身前俯成打躬状，头部低垂，大约至两膝前方。两膝勿屈，微微呼吸，掌心掩耳。两手以指（食、中、无名指）交替轻弹后脑（风池穴附近）各36次。

（3）缓缓伸腰站直，先左侧拧腰侧转，再向右侧拧腰侧转，往返7次，两脚勿移，腰直目松，膝直不僵，舌尖自然放下。

（4）在身体转至正中后，抬起脚跟，同时两手自脑后高举过头，仰掌呈擎天状，躯体充分舒展，并配合吸气（图8-28）。

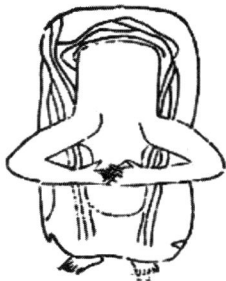

图8-28　打躬势

（十二）掉尾势

1. 口诀

膝直膀伸，推手自地。瞪目昂头，凝神壹志，起而顿足，二十一次，左右伸肱，以七为志，更作坐功，盘膝垂眦，口注于心，息调于鼻，定静乃起，厥功维备。

2. 动作姿势

（1）两手分别自身侧高举过头。两掌相合，提顶、伸腰、展臂、提起脚跟极力高举。

（2）脚跟落地，两脚踏实，同时两掌落至胸前。十指交叉翻转，掌心朝外，两臂也随之前伸，展直。翻掌朝下，在身前徐徐下降至裆的部位后，弯腰前俯，继续下按至地。膝不可屈，如有未达，不可勉强。下按至终点时，昂头，舌抵上腭。如此俯仰躬身重复举按3～5次。天长日久，掌可逐渐靠近地面，则腰身柔若童子。

（3）转腰向左方，两脚不移，仅左脚步变虚，右腿变实，右膝微屈。同时两手保持交叉状态，沿地面划弧移至左脚外侧。两臂保持伸展，自左方高举转头，掌心朝上，仰面观天，拧腰180°转向右方，徐徐弯腰右方俯身，下按至右脚步外侧，如未达到，不可勉强，可继续俯仰3～5次，以后逐渐靠近地面。

（4）最后一次下按右脚外侧时，伸舒腰身两臂随之高举过头。继之拧腰转身至正前方。两掌相合，徐徐降至胸前。两掌缓缓分开，十指相对，下按，两手分开，自然下垂于两胯旁，恢复成预备桩功势。两脚跟起落顿地3～21次（图8-29）。

图8-29 掉尾势

第四节 五禽戏

一、五禽戏的发展及功效

（一）五禽戏的发展

五禽戏是东汉名医华佗根据古代导引、吐纳方法，研究了虎、鹿、熊、猿、鸟等动物的生活习性和动作特点，并结合人体脏像、经络和气血运行理论，在整理前人研究基础之上所编创的一套具有中华民族传统风格的健身养生方法。

1.五禽戏的编创

华佗，字元化，东汉时期沛国谯（今安徽亳州）人，著名的医学家、药学家，他精通外科、妇科、内科、儿科、针灸等，还整理编创了"五禽戏"，坚持每天练习，使他体格强健、鹤发童颜，活到百余岁。《后汉书·华佗传》有文字记载："华佗晓养性之术，年且百岁而犹有壮容，时人以为仙。""五禽"指的是虎、鹿、熊、猿、鹤五种鸟兽；"戏"，就是嬉戏、玩的意思。为什么世界上那么多动物都没有选，而非要选择虎、鹿、熊、猿、鹤这五种动物，并且模仿它们的动作跟神态呢？大概是这五种动物在传统意义上往往象征吉祥、健康、长寿，能够被大家所接受的缘故。

2.五禽戏的起源

五禽戏的起源可以追溯到远古时期。据史料记载，远古时期中原大地洪水泛滥，湿气弥漫，老百姓中许多人都得了一种叫作"重腿"的病，这种病会使关节酸胀、疼痛。于是出现了"乃制为舞"，"以利导之"的"舞"，这就是中华气功导引养生术的最初萌芽。《吕氏春秋·古乐篇》里面也有这样的文字描述。此处的"舞"就是由多种模仿动物的动作组成，在相关的考古文物和历史资料里面都有记载。

先秦《庄子·刻意》，记载有"吹呴呼吸，吐故纳新，熊经鸟伸，为寿而已矣"的文字。里面的"熊经鸟伸"，描绘的就是古时候健身养生练习者在潜心练习的情形。湖南省长沙马王堆三号汉墓于1973年挖掘出了44幅帛书《导引图》，其中也有很多模仿各种动物神态和动作的记载，有"龙登""鹞背""熊经"等，有些图文已经残缺、不完整，但依然能够显示出猴、猫、犬、鹤、燕、虎、豹等动物的动作。

华佗的这一伟大创举，使他成为最早推行医疗保健与体育运动防治相结合的先驱，但是华佗五禽戏的具体动作方法在当时却没有文字记载，只是凭借口授心传的简单方法流传。这套功法受到了道家的推崇，并融入了道家养生思想，如练功时的呼吸、吐纳、冥思、意守。

陶弘景在《养性延命录》中作了文字记载，并把这种功法叫做"太上老君养生诀"。道教养生专家的这一做法使华佗五禽戏从最原始的口授心传的流传方式，转变成为通过文字、图像流传的高级流传方式，使华佗五禽戏成为道教动功养生术的主要组成部分，更为华佗五禽戏的发扬光大做出了卓越的贡献。

3. 五禽戏的历史沿革

华佗创编五禽戏最早的文字记载可以追溯到西晋时期，当时陈寿所著《三国志·华佗传》里面有："广陵吴普，彭城樊阿，皆从佗学……佗语普曰：人体欲得劳动，但不当使极尔。动摇则谷气得消，血脉流通，病不得生，譬犹户枢不朽是也。是以古之仙者为导引之事，熊颈鸱顾，引挽腰体，动诸关节，以求难老。吾有一术，名五禽之戏。一曰虎、二曰鹿、三曰熊、四曰猿、五曰鸟，亦以除疾，并利蹄足，以当导引。体中不快，起作一禽之戏，沾濡汗出，因上着粉，身体轻便，腹中欲食。"

这些记载显示出华佗编创五禽戏的最初想法、动作内容和功法机理，但是没有图片动作，真正图文并茂展现华佗五禽戏则是在南北朝时期著名医学家陶弘景先生所著的《养性延命录》里。

魏晋时期，华佗五禽戏发展很快，各种各样的导引术的专著和图片屡见不鲜。华佗的弟子吴普曾经被魏明帝曹叡邀请向朝廷的御医传授五禽之戏，后来在皇室得到推广。魏晋时期的葛洪著有《抱朴子》，里面有"龙导、虎引、熊经、龟咽、鸟伸、猿据"等各种动作。发展到南北朝，范晔的《后汉书·华佗传》也记载有相关的内容。根据以上内容可以看出，华佗编创五禽戏是真实的。但令人遗憾的是，文字记载较多，图片及其他方面的资料极少，导致动作无从考证。南北朝著名医学家陶弘景的《养性延命录》详细的描述了五禽戏的具体动作，他所在的南北朝相距华佗所处的东汉末年只有大约二百多年。所以，与华佗五禽戏的原始版本最接近、最相似的，大家基本都认为应该是陶弘景所记载的这一套五禽戏，但是这一套五禽戏的动作难度偏大，而且动作非常复杂。

到了唐宋时期，五禽戏在平民百姓中非常流行。

唐代大诗人柳宗元曾有诗句"闻道偏为五禽戏"。当时社会的医学技术跟随五禽戏的脚步，也得到了很大进步。唐代著名的"药王"孙思邈在深入研究了华佗之后，提倡"流水不腐，户枢不蠹，以其运动故也"，主张适量运动，他认为华佗创编的五禽戏可以强健身体，还可以养生、保健，防病治病，对五禽戏非常的推崇。宋代诗人陆游有诗句："啄吞自笑如孤鹤，导引何妨效五禽"（《春晚》）；"不动成罴卧，微劳学鸟伸（《自立秋前病过白露犹未平遣怀》）"，这些诗文都是描写当时社会上百姓对五禽戏非常认可。

明清时期是五禽戏发展进步比较大的阶段，那一时期五禽戏方面成果比较丰硕，如明代周履靖的《夷门广牍·赤凤髓》，他把华佗五禽戏的具体动作全部勾画了出来，形成图案，这是有关五禽戏最早的图片记载。清代的曹若水有《万寿仙书·导引篇》，席锡蕃有《五禽舞功法图说》，其中都采取图文并茂的形式，比较详细、全面的描述了五禽戏的动作内容、动作名称。但是这些五禽戏的功法与《养性延命录》里面所记载的"五禽戏"差别很大，这里的"五禽戏"顺序为"虎、熊、鹿、猿、鸟"，而且动作都是单式，所配的文字、图片详细描述了全部的"五禽戏"动作。

到了近代民国时期，五禽戏流传范围最广的还是在华佗故里——亳州地区城北的小华庄（今亳州市谯城区华佗镇）和附近的十八里镇，经常练习五禽戏的组织、流派、团体还有很多，在北京有焦国瑞、安徽屯溪有许正阳道士、辽宁营口有刘克昌、山西有彭庭隽、浙江杭州有灵空禅师等多位常年练习者，都把五禽戏的功法世代流传。

华佗的弟子吴普每天天不亮就闻鸡起舞，不管严寒酷暑，下雨刮风，一天也不停歇，后来到90多岁的时候，还是"耳聪目明，牙齿完整"。华佗还有一个叫樊阿的学生，同样每天练习"五禽戏"，最后活到了一百多岁。

东汉末年，"神医"华佗被曹操杀害后，他的弟子吴普、樊阿逃离中原，跑到云南，于是"五禽戏"又在云南扎了根，并且代代流传，之后又与当地的武术相融合，逐渐演变成了独具风格的世袭武术——余门拳。清乾隆40年（1775年），余氏的后裔余有福凭借此拳威震四川，引起了中华武术界的轰动。

以上是有关华佗五禽戏的部分记载。可见，华佗五禽戏在健身运动历史中具有非常悠久的历史和重要的地位。经过几百年的流传，五禽戏的动作也发生了很大变化，但是万变不离其宗，根本上还是围绕着"虎、鹿、熊、猿、鸟"五种动物的形态和动作而成。

（二）五禽戏的功效

1. 虎戏

如果你有腰背疼痛的症状，练虎戏能增强挟背穴和督脉的功能，能缓解颈肩背痛、坐骨神经痛、腰痛等症状。

2. 鹿戏

很多上班族长期久坐、缺乏运动、生活不规律，导致腰围增大，练习五禽戏中的鹿戏是个不错的缩减腰围的好方法。因为鹿戏主要是针对肾脏的保健来设计，它的各个动作都是围绕腰部来做运动，在练习的过程中，自然而然地使我们腰部的脂肪大量消耗，有益于缩减腰围，保持苗条身材。

3. 熊戏

人出现滞食、消化不良、食欲不振等症状，不妨练练五禽戏中的熊戏。练熊戏时要在沉稳中寓于轻灵，将其剽悍之性表现出来，练习熊戏有健脾胃、助消化、消食滞、活关节等功效。

4. 猿戏

习惯于乘坐电梯的上班族如果爬上几层楼梯，不少人都会累得气喘嘘嘘，这其实在提醒你，你的心肺功能需要加强了。猿戏中的猿提动作遵循"提吸落呼"的呼吸方式，身体上提时吸气，放松回落时呼气。上提时吸气缩胸，全身团紧；下落时放松呼气，舒展胸廓，这组动作有助于增强心肺功能，缓解气短、气喘等症状，感兴趣的朋友不妨试试。

5. 鸟戏

关节炎是冬季的常见多发病，但是近年来，炎炎夏日，在医院的骨伤科，也会遇到不少肩周炎、关节炎患者因犯病而求医。主要原因就是这些患者使用空调不当，或者长时间吹电扇，导致关节疾病的发作。练鸟戏时，动作轻翔舒展，可调达气血，疏通经络，祛风散寒，活动筋骨关节，可预防夏季关节炎的发生，还能增强机体免疫力。

二、五禽戏的基本动作与要领

（一）预备式与起势调息

（1）两脚分开，松静站立，两臂自然下垂，目视前方，调匀呼吸，意守丹田。

（2）两手上提至与胸同高，掌心向上，屈肘内合，转掌心向下，按至腹前。动作可以配合呼吸，两手上提时吸气，下按时呼气。

（二）虎戏

1.第一式　虎举

（1）两手掌心向下，撑开弯曲成虎爪状；目视两掌。

（2）两手外旋，弯曲握拳，缓慢上提。至肩时，十指撑开，举至头上方成虎爪状；目视两掌（图8-30）。

图8-30　虎举

（3）两掌外旋握拳，拳心相对；目视两拳。

（4）两拳下拉至肩，变掌下按。下落至腹，十指撑开；目视两掌。

（5）重复一至四动作三遍后，两手垂于体侧，目视前方。

2.第二式 虎扑

（1）两手握空拳，提至肩前上方。

（2）两手向上、向前划弧，弯曲成虎爪状；上体前俯，挺胸塌腰；目视前方。

（3）两腿下蹲，收腹含胸；两手向下划弧至两膝侧；目视前下方。两腿伸膝，送髋，挺腹，后仰；两掌握空拳，提至胸侧，目视前上方。

（4）左腿屈膝提起，两手上举。左脚向前迈一步，脚跟着地，右腿下蹲；上体前倾，两拳成虎爪状向前、下扑至膝前两侧；目视前下方（图8-31）。上体抬起，左脚收回，开步站立；两手下落于体侧；目视前方。

图8-31 虎扑

（5）与（1）~（4）左右相反。

（三）鹿戏

1.第一式 鹿抵

（1）两腿微屈，左脚经右脚内侧向左前方迈步，脚跟着地；身体稍右转；握空拳右摆，高与肩平；目视右拳。

（2）左腿屈膝，脚尖踏实；右腿蹬实；身体左转，两掌成鹿角状，向上、左、后划弧，指尖朝后，左臂弯曲平伸，肘抵靠左腰；右拳举至头，向左后方伸抵，指尖朝后；目视右脚跟（图8-32）。身体右转，左脚收回，开步站立；两手向上、右、下划弧，握空拳落于体前；目视前下方。

图8-32　鹿抵

2.第二式　鹿奔

（1）左脚跨前一步，屈膝，右腿伸直成左弓步；握空拳向上、向前划弧至体前，屈腕，与肩同高、同宽；目视前方。

（2）左膝伸直，脚掌着地；右腿屈膝；低头，弓背，收腹；两臂内旋，两掌前伸，拳成鹿角状（图8-33）。

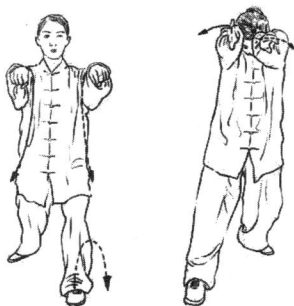

图8-33　鹿奔

（3）上体抬起；右腿伸直，左腿屈膝，成左弓步；两臂外旋，握空拳，高与肩平；目视前方。

（4）左脚收回，开步直立；两拳变掌，落于体侧；目视前方。

（四）熊戏

1.第一式　熊运

（1）两掌握空拳成熊掌状，垂于下腹部；目视两拳。

（2）以腰、腹为轴，上体做逆时针摇晃；两拳沿右肋、上腹、下腹部划圆；目随之环视（图8-34）。

图8-34　熊运

（3）重复（1）（2）。

（4）与（1）~（3）左右相反。做完最后一动，两拳变掌下落，自然垂于体侧，目视前方。

2.第二式　熊晃

（1）髋上提，牵拉左脚离地，微屈左膝，握空拳成熊掌状，目视左前方。

（2）左脚向左前方落地，右腿伸直；身体右转，左臂内旋前靠，左拳摆至左膝前上方；右拳摆至体后；目视左前方。

（3）身体左转；右腿屈膝，左脚伸直；拧腰晃肩，两臂向后弧线摆动；右拳摆至左膝前上方；左拳摆至体后；目视左前方（图8-35）。

图8-35　熊晃

（4）身体右转；左腿屈膝，右腿伸直；左臂内旋前靠，左拳摆至左膝前上方；右拳摆至体后；目视左前方。

214

（5）与（1）~（4）左右相反。

（五）猿戏

1.第一式 猿提

（1）两掌在体前，手指伸直分开，再屈腕撮拢捏紧成"猿钩"，速度稍快些。

（2）两掌上提至胸，两肩上耸，收腹提肛；同时，脚跟提起，头向左转；目随头动，视身体左侧。注意耸肩、缩胸、屈肘、提腕一定要充分（图8-36）。

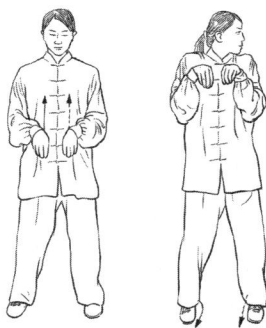

图8-36 猿提

（3）头转正，两肩下沉，松腹落肛，脚跟着地；"猿钩"变掌，掌心向下；目视前方。

（4）两掌沿体前下按落于体侧；目视前方。

（5）重复（1）~（4），唯头向右转。

2.第二式 猿摘

（1）左脚向左后方退步，脚尖点地，右腿屈膝；左臂屈肘，左掌成"猿钩"收至左腰侧；右掌向前方摆起，掌心向下。

（2）左脚踏实，屈膝下蹲，右脚收至左脚内侧，脚尖点地，成右丁步；右掌向下经腹前向左上方划弧至头左侧；目随右掌动，再转头注视右前上方。

（3）右掌内旋，掌心向下，沿体侧下按至左髋侧；目视右掌。右脚向右前方迈出一大步，左腿蹬伸；右腿伸直，左脚脚尖点地；右掌经体前向右上方划弧，举至右上侧变"猿钩"；左掌向前、向上伸举，屈腕撮钩，成采摘势；目视左掌。

（4）左掌由"猿钩"变为"握固"；右手变掌，落于体前，虎口朝前。左腿下蹲，右脚收至左脚内侧，脚尖点地，成右丁步；左臂屈肘收至左耳旁，掌成托桃状；右掌经体前向左划弧至左肘下捧托；目视左掌（图8-37）。

图8-37　猿摘

（5）与（1）～（4）左右相反。

（六）鸟戏

1. 第一式　鸟伸

（1）两腿微屈下蹲，两掌在腹前相叠。

（2）两掌举至头上方，指尖向前；身体微前倾，提肩，缩项，挺胸，塌腰；目视前下方（图8-38）。

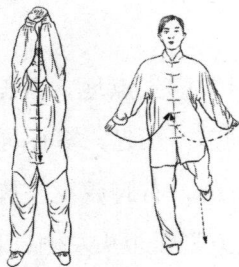

图8-38　鸟伸

（3）两腿微屈下蹲；两掌相叠下按至腹前；目视两掌。

（4）右腿蹬直，左腿伸直向后抬起；两掌分开成"鸟翅"，摆向体侧后方；抬头，伸颈，挺胸，塌腰；目视前方。

（5）与（1）~（4）左右相反。

2. 第二式　鸟飞

（1）右脚伸直，左腿屈膝提起，小腿下垂；两掌成展翅状，在体侧平举向上；目视前方（图8-39）。

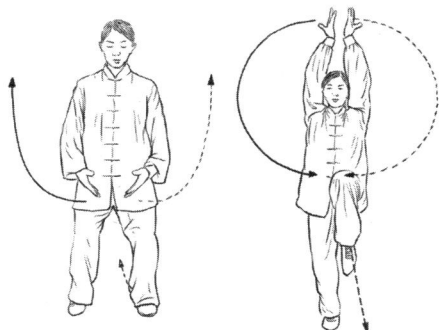

图8-39　鸟飞

（2）左脚落至右脚旁，脚尖着地，两腿微屈；两掌合于腹前；目视前下方。

（3）右脚伸直，左脚屈膝提起，小腿下垂；两掌举至头顶上方；目视前方。

（4）左脚落至右脚旁，脚掌着地，两腿微屈；两掌合于腹前；目视前下方。

（5）与（1）~（4）左右相反。

（七）收式　引气归元

（1）两掌经体侧上举至头顶上方，掌心向下。

（2）两掌指尖相对，沿体前缓慢下按至腹前；目视前方。

第五节　八段锦

八段锦功法是一套独立而完整的健身功法，起源于北宋，至今有八百多年的历史。古人把这套动作比喻为"锦"，意为五颜六色，美而华贵，体现其动作舒展优美，视其为"祛病健身，效果极好；编排精致；动作完美"。现代的八段锦在内容与名称上均有所改变，此功法分为八段，每段一个动作，故名为"八段锦"。该功法简单易学，作用却极其显著，适合男女老少，可使瘦者健壮，肥者减肥。八段锦的体势有坐势和站势两种，坐势练法恬静，运动量较小。站势运动量较大，适于各种年龄、各种身体状况的人锻炼。本节介绍站势八段锦。

一、八段锦的发展及功效

（一）八段锦简介及口诀

八段锦是中华民族自古相传至今的一种健康运动。

八段锦是由八种如"锦"缎般优美、柔顺的动作组成，更是国术精华之集"锦"。八段锦在现代养生保健生活中具有独特的作用，经常练习八段锦可以达到强身健体、怡养心神、益寿延年、防病治病的效果。前人将每段锦的功能和要领都浓缩成七个字，作为该段锦的名称，简单易记。

站式八段锦口诀

双手托天理三焦，左右开弓似射雕。

调理脾胃臂单举，五劳七伤往后瞧。

摇头摆尾去心火，两手攀足固肾腰。

攒拳怒目增力气，背后七颠百病消。

（二）八段锦功效

八段锦对身体的好处，简单概述为滋阴助阳、培元补气、疏通经络、活血生津。长期锻炼可使人强身健体、聪耳明目、延年益寿。用现代科学医术分析，就是活动全身关节、肌肉、调节精神紧张、改善新陈代谢、增强心肺功能、促进血液循环，从而提高人体各个生理机能。

八段锦有强身健体的作用，它能改善神经体液调节功能和加强血液循环，对腹腔脏器有柔和的按摩作用，对神经系统、心血管系统、消化系统、呼吸系统及运动器官都有良好的调节作用，是一种较好的运动方式。

（三）功法特点

（1）立功八段锦为徒手定步功法，因此不需要任何设备及场地要求。

（2）节省时间，全套练习不过10余分钟，每日晨、晚各练一遍便可。

（3）八段锦共分八段，每段一式，可单式练习，也可全套练习或选段练习。每式的运动量可由做八呼或十六呼来调节，也可由下蹲之程度为高势、中势或低势来调节，故运动量可大可小，可自行掌握，既方便又灵活。

（4）身法端庄，姿势舒展大方，动作简单易学，因此男、女、老、少均可练习此功。瘦弱者可健壮，体胖者能减肥。

（5）锻炼较为全面，自头至足全身关节，大小肌肉，无一处不动，而且动作均符合其生理功能要求，横膈运动可使胸及腹腔内压力之改变而影响内脏，故能加速血液循环，肌肉伸展，肠胃蠕动，氧量增强，因此成为内外兼顾的完整健身功法。

（6）本功法效应大且快。尤其内功感受明显，气感强，只要姿势正确，即有气感产生，功夫越深感受越大。因此易产生兴趣，易自我锻练。长期坚持者，实为一种享受，其乐无穷。

中国古代著作《吕氏春秋》中说："流水不腐，户枢不蠹，动也。形气亦然，形不动则精不流，精不流则气郁。"运动能调畅气机，精气流通，增强体质。古代神医华佗曾说："人体欲劳动……动摇则谷气得消，血脉流通，病不得生。"现代医学也证明，活动过少会使脏器过早衰弱，还将导致中枢神经系统和内分泌系统发生变化，这种变化使人的情绪不稳定和新陈代谢发生障碍，导致许多病症产生。

（四）练习原则

适度为要，谨防过量；

坚持不懈，持之以恒；

劳逸结合，弛张有度；

形神兼一，讲究统一。

二、八段锦动作分解及要领

（一）八段锦预备式

1. 动作口诀

两足分开平行站，横步要与肩同宽，

头正身直腰松腹，两膝微屈对足尖，

双臂松沉掌下按，手指伸直要自然，

凝神调息垂双目，静默呼吸守丹田。

2. 要领

双腿开步与肩同宽，屈膝下蹲掌抱腹前。

（二）八段锦第一式 两手托天理三焦

1. 动作口诀

十字交叉小腹前，翻掌向上意托天，

左右分掌拨云式，双手捧抱式还原，

式随气走要缓慢，一呼一吸一周旋，

呼气尽时停片刻，随气而成要自然。

2.要领

自然站立，两足平开，与肩同宽，含胸收腹，腰脊放松。正头平视，口齿轻闭，宁神调息，气沉丹田。双手自体侧缓缓举至头顶，转掌心向上，用力向上托举，足跟亦随双手的托举而起落。托举数次后，双手转掌心朝下，沿体前缓缓按至小腹，还原（图8-40）。

图8-40　八段锦第一式

3.功效

四肢和躯干的伸展活动，影响胸腹腔血流的再分配，有利于肺部扩张，加深呼吸，消除疲劳，调理三焦对腰背肌肉有良好的作用，矫正两肩内收和腰痛等不良姿势。

（三）八段锦第二式　左右开弓似射雕

1.动作口诀

马步下蹲要稳健，双手交叉左胸前，

左推右拉似射箭，左手食指指朝天，

势随腰转换右式，双手交叉右胸前，

右推左拉眼观指，双手收回式还原。

2.要领

自然站立，左脚向左侧横开一步，身体下蹲成骑马步，双手虚握于两髋之外侧，随后自胸前向上划弧提于与乳平高处。右手向右拉至与右乳平高，与乳距约两拳许，意如拉紧弓弦，开弓如满月；左手捏剑诀，向左侧伸出，顺热转头向左，视线通过左手食指凝视远方，意如弓剑在手，等机而射。稍作停顿后，随即将身体上起，顺势将两手向下划弧收回胸前，并同时收回左腿，还原成自然站立。此为左式，右式反之。左右调换练习十数次（图8-41）。

左右开弓似射雕

图8-41　八段锦第二式

3.功效

重点作用于上焦，影响所及两手、两臂和胸腔的心肺，扩胸伸臂可增强胸、胁、肩、臂部肌肉。加强呼吸和血液循环，进一步纠正不良姿势所造成的病态。

（四）八段锦第三式　调理脾胃单臂举

1.动作口诀

双手重叠掌朝天，右上左下臂捧圆，

右掌旋臂托天去，左掌翻转至脾关，

双掌均沿胃经走，换臂托按一循环，

呼尽吸足勿用力，收式双掌回丹田。

2.要领

自然站立，左手缓缓自体侧上举至头，翻转掌心向上，并向左外方用力举托，同时右手下按附应。举按数次后，左手沿体前缓缓下落，还原至体侧。右手举按动作同左手，惟方向相反（图8-42）。

调理脾胃单臂举

图8-42 八段锦第三式

3.功效

上托、下压、上下对拉两侧内脏器官和肌肉得到牵引，肝、胆、脾、胃得到牵拉，胃肠蠕动、消化能力增强，久练可治胃肠病。

（五）八段锦第四式 五劳七伤往后瞧

1.动作口诀

双掌捧抱似托盘，翻掌封按臂内旋，

头应随手向左转，引气向下至涌泉，

呼气尽时平松静，双臂收回掌朝天，

继续运转成右式，收式提气回丹田。

2.要领

自然站立，双脚与肩同宽，双手自然下垂，宁神调息，气沉丹田。头部微微向左转动，两眼目视左后方，稍停顿后，缓缓转正，再缓缓转向右侧，目视右后方，稍停顿，转正。如此十数次（图8-43）。

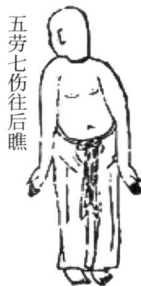

五劳七伤往后瞧

图8-43 八段锦第四式

3. 功效

头部运动，头向左右转动、活跃头部血液，增强颈部肌肉和颈椎活动，消除大脑中枢系统的疲劳和一些生理功能的障碍，改善高血压和动脉硬化患者的平衡功能，增强眼肌。

（六）八段锦第五式 摇头摆尾去心火

1. 动作口诀

马步扑步可自选，双掌扶于膝上边，

头随呼气宜向左，双目却看右足尖，

吸气还原接右式，摇头斜看左足尖，

如此往返随气练，气不可浮意要专。

2. 要领

两足横开，双膝下蹲，成"骑马步"。上体正下，稍向前探，两目平视，双手反按在膝盖上，双肘外撑。以腰为轴，头脊要正，将躯干划弧摇转至左前方，左臂弯曲，右臂绷直，肘臂外撑，头与左膝呈一垂线，臀部向右下方撑劲，目视右足尖；稍停顿后，随即向相反方向，划弧摇至右前方。反复十数次（图8-44）。

图8-44 八段锦第五式

3. 功效

全身性动作，对整个身体有良好的作用，摇头摆臂、旋转身体，提高全身器官功能，防治受寒、发烧、感冒等不良病症。

（七）八段锦第六式　两手攀足固肾腰

1.动作口诀

两足横开一步宽，两手平扶小腹前，

平分左右向后转，吸气藏腰撑腰间，

式随气走定深浅，呼气弯腰盘足圆，

手势引导勿用力，松腰收腹守涌泉。

2.要领

两足横开，两膝下蹲，呈"骑刀步"。双手握拳，拳眼向下。左拳向前方击出，顺势头稍向左转，两眼通过左拳凝视远方，右拳同时后拉。与左拳出击形成一种"争力"。随后，收回左拳，击出右拳，要领同前。反复十数次（图8-45）。

图8-45　八段锦第六式

3.功效

加强气血运行，促进肌肉发达，体力、耐力增大，怒目可增眼肌。

（八）八段锦第七式　攒拳怒目增气力

1.动作口诀

马步下蹲眼睁圆，双拳束抱在胸前，

拳引内气随腰转，前打后拉两臂旋，

吸气收回呼气放，左右轮换眼看拳，

225

两拳收回胸前抱，收脚按掌式还原。

2. 要领

两足横开，两膝下蹲，呈"骑刀步"。双手握拳，拳眼向下。左拳向前方击出，顺势头稍向左转，两眼通过左拳凝视远方，右拳同时后拉。与左拳出击形成一种"争力"。随后，收回左拳，击出右拳，要领同前。反复十数次（图8-46）。

图8-46 八段锦第七式

3. 功效

加强气血运行，促进肌肉发达，体力、耐力增大，怒目可增眼肌。

（九）八段锦第八式 背后七颠百病消

1. 动作口诀

两腿并立撇足尖，足尖用力足跟悬，

呼气上顶手下按，落足呼气一周天，

如此反复共七遍，全身气走回丹田，

全身放松做颠抖，自然呼吸态怡然。

2. 要领

两足并拢，两腿直立、身体放松，两手臂自然下垂，手指并拢，掌指向前。随后双手平掌下按，顺势将两脚跟向上提起，稍作停顿，两脚跟下落着地。反复练习十数次（图8-47）。

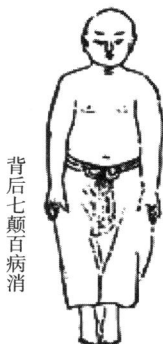

图8-47　八段锦第八式

3.功效

一上、一上各器官系统受到轻微震动而复位。功毕再揉和地按摩脏器，对神经、心血管、消化、呼吸和运动系统都有良好的调节作用。常练八段锦，补肾健肾、柔筋疏肝，养气壮力，行气活血，促进血液循环，协调五脏六腑，改善神经体液的调节功能，纠正人体不良姿势。

（十）八段锦收式

1.动作

两臂内旋，两掌向两侧摆起约45°，掌心朝后，掌指斜朝下；目视前方。上动不停，两臂外旋，两掌向前划弧至斜前方45°时，屈肘合抱至小腹，两掌相叠（男性左手在内，女性右手在内）；目视前下方，静养片刻。

2.要领

体态安详，周身放松，气归丹田。

3.功效

引气归元，进一步巩固练功效果，并逐步恢复到练功前的状态。

思考训练

（1）健身气功有哪些功效？

（2）介绍简化太极拳（16式）动作要点。

（3）易筋经的练习要领有哪些？

（4）五禽戏的养生功效有哪些？

（5）八段锦的练习原则是什么？

参考文献

［1］王晓. 大学生体育与健康教程［M］. 北京：人民邮电出版社，
2022.

［2］王正珍，徐峻华. 运动处方［M］. 北京：高等教育出版社，
2021.

［3］李浴峰，马海燕. 健康教育与健康促进［M］. 北京：人民卫生
出版社，2020.

［4］李振佳，齐爽. 大学生体育与健康［M］. 北京：中国人民大学
出版社，2020.

［5］曾永杰. 体育与健康（基础模块）［M］. 北京：航空工业出版
社，2020.

［6］刘哲，李慧杰. 体育与健康［M］. 北京：中国人民大学出版社，
2019.

［7］周涛，刘信明，郑春平. 体育与健康［M］. 北京：中国人民大
学出版社，2019.

［8］夏明华，李向阳，朱峰. 体育与健康［M］. 重庆：重庆大学出
版社，2019.

［9］王斌. 大学体育理论与实践［M］. 北京：首都师范大学出版社，
2019.

［10］王陇德. 健康管理师［M］. 北京：人民卫生出版社，2019.

附录一　大学生体质健康测量与评价

一、大学生体质健康测量

教育部在 2014 年下发了《教育部关于印发〈国家学生体质健康标准（2014 年修订）的通知》（教体艺〔2014〕5 号），要求各省、自治区、直辖市教育厅（教委），新疆生产建设兵团教育局，部属各高等学校认真贯彻执行《国家学生体质健康标准（2014 年修订）》。

1．说明

（1）《国家学生体质健康标准》（以下简称《标准》）是国家学校教育工作的基础性指导文件和教育质量基本标准，是评价学生综合素质、评估学校工作和衡量各地教育发展的重要依据，是《国家体育锻炼标准》在学校的具体实施，适用于全日制普通小学、初中、普通高中、中等职业学校、普通高等学校的学生。

（2）本标准的修订坚持健康第一，落实《国家中长期教育改革和发展规划纲要（2010—2020 年）》《国务院办公厅转发教育部等部门关于进一步加强学校体育工作若干意见的通知》（国办发〔2012〕53 号）和《教育部关于印发〈学生体质健康监测评价办法〉等三个文件的通知》（教体艺〔2014〕3 号）有关要求，着重提高《标准》应用的信度、效度和区分度，着重强化其教育激励、反馈调整和引导锻炼的功能，着重提高其教育监测和绩效评价的支撑能力。

（3）本标准从身体形态、身体机能和身体素质等方面综合评定学生的体质健康水平，是促进学生体质健康发展、激励学生积极进行身体锻炼的教育手段，是国家学生发展核心素养体系和学业质量标准的重要组成部分，是学生体质健康的个体评价标准。

（4）本标准将适用对象划分为以下组别：小学、初中、高中按每个年级为一组，其中小学为 6 组、初中为 3 组、高中为 3 组。大学一、二年级为一组，三、四年级为一组。

（5）小学、初中、高中、大学各组别的测试指标均为必测指标。其中，身体形态类中的身高、体重，身体机能类中的肺活量，以及身体素质类中的 50 米跑、坐位体前屈为各年级学生共性指标。

（6）本标准的学年总分由标准分与附加分之和构成，满分为 120 分。标准分由各单项指标得分与权重乘积之和组成，满分为 100 分。附加分根据实测成绩确定，即对成绩超过 100 分的加分指标进行加分，满分为 20 分；小学的加分指标为 1 分钟跳绳，加分幅度为 20 分；初中、高中和大学的加分指标为男生引体向上和 1000 米跑，女生 1 分钟仰卧起坐和 800 米跑，各指标加分幅度均为 10 分。

（7）根据学生学年总分评定等级：90.0 分及以上为优秀，80.0 ~ 89.9 分为良好，60.0 ~ 79.9 分为及格，59.9 分及以下为不及格。

（8）每个学生每学年评定一次，记入《〈国家学生体质健康标准〉登记卡》。特殊学制的学校，在填写登记卡时可以按规定和需求相应地增减栏目。学生毕业时的成绩和等级，按毕业当年学年总分的 50% 与其他学年总分平均得分的 50% 之和进行评定。

（9）学生测试成绩评定达到良好及以上者，方可参加评优与评奖；成绩达到优秀者，方可获得体育奖学分。测试成绩评定不及格者，在本学年度准予补测一次，补测仍不及格，则学年成绩评定为不及格。普通高中、中等职业学校和普通高等学校学生毕业时，《标准》测试的成绩达不到50分者按结业或肄业处理。

（10）学生因病或残疾可向学校提交暂缓或免予执行《标准》的申请，经医疗单位证明，体育教学部门核准，可暂缓或免予执行《标准》，并填写《免予执行〈国家学生体质健康标准〉申请表》，存入学生档案。确实丧失运动能力、被免予执行《标准》的残疾学生，仍可参加评优与评奖，毕业时《标准》成绩需注明免测。

（11）各学校每学年开展覆盖本校各年级学生的《标准》测试工作，《标准》测试数据经当地教育行政部门按要求审核后，通过"中国学生体质健康网"上传至"国家学生体质健康标准数据管理系统"。测试和数据上传时间由教育行政部门确定。

（12）本标准由教育部负责解释。

2.单项指标与权重（大学）

附表1-1所示为大学生体质健康标准的单项指标与权重。

附表1-1 单项指标与权重（大学）

测试对象	单项指标	权重/%
大学各年级学生	体重指数（BMI）	15
	肺活量	15
	50m跑	20
	坐位体前屈	10
	立定跳远	10
	引体向上（男）/仰卧起坐（女）1分钟	10
	1000m跑（男）/800m跑（女）	20

3.《国家学生体质健康标准》大学各年级评分表

附表1-2所示为《国家学生体质健康标准》大学各年级评分表。

附表1-2　大学各年级评分表（a）

等级	项目 单项得分	男生肺活量/mL 大一大二	男生肺活量/mL 大三大四	女生肺活量/mL 大一大二	女生肺活量/mL 大三大四	男生50m跑/s 大一大二	男生50m跑/s 大三大四	女生50m跑/s 大一大二	女生50m跑/s 大三大四	男生坐位体前屈/cm 大一大二	男生坐位体前屈/cm 大三大四	女生坐位体前屈/cm 大一大二	女生坐位体前屈/cm 大三大四
优秀	100	5040	5140	3400	3450	6.7	6.6	75	7.4	24.9	25.1	25.8	26.3
	95	4920	5020	3350	3400	6.8	6.7	7.6	7.3	23.1	23.3	24.0	24.4
	90	4800	4900	3350	3350	6.9	6.8	7.7	7.6	21.3	21.5	22.2	22.4
良好	85	4550	4650	3150	3200	7.0	6.9	8.0	7.9	19.5	19.9	20.6	21.0
	80	4300	4400	3000	3050	7.1	7.0	8.3	8.2	17.7	18.2	19.0	19.5
及格	78	4180	4280	2900	2950	7.3	7.2	8.5	8.4	16.3	16.8	17.7	18.2
	76	4060	4160	2800	2850	7.5	7.4	8.7	8.6	14.9	15.4	16.4	16.9
	74	3940	4040	2700	2750	7.7	7.6	8.9	8.8	13.5	14.0	15.1	15.6
	72	3820	3920	2600	2650	7.9	7.8	9.1	9.0	12.1	126	13.8	14.3
	70	3700	3800	2500	2550	8.1	8.0	9.3	9.2	10.7	11.2	12.5	13.0
	68	3580	3680	2400	2450	8.3	8.2	9.5	9.4	9.3	9.8	11.2	11.7
	66	3460	3560	2300	2350	8.5	8.4	9.7	9.6	7.9	8.4	9.9	10.4
	64	3340	3440	2200	2250	8.7	8.6	9.9	9.8	6.5	7.0	8.6	9.1
	62	3220	3320	2100	2150	8.9	8.8	10.1	10.0	5.1	5.6	7.3	7.8
	60	3100	3200	2000	2050	9.1	9.0	10.3	10.2	3.7	4.2	6.0	6.5
不及格	50	2940	3030	1960	2010	9.3	9.2	10.5	10.4	2.7	3.2	5.2	5.7
	40	2780	2860	1920	1970	9.5	9.4	10.7	10.6	1.7	2.2	4.4	4.9
	30	2620	2690	1880	1930	9.7	9.6	10.9	10.8	0.7	1.2	3.6	4.1
	20	2460	2520	1840	1890	9.9	9.8	11.1	11.0	-0.3	0.2	2.8	3.3
	10	2300	2350	1800	1850	10.1	10.0	11.3	11.2	-1.3	-0.8	2.0	2.5

附表1-2 大学各年级评分表（b）

等级	单项得分	男生立定跳远/cm 大一大二	男生立定跳远/cm 大三大四	女生立定跳远/cm 大一大二	女生立定跳远/cm 大三大四	男生1分钟向上/次 大一大二	男生1分钟向上/次 大三大四	女生1分钟仰卧起坐/次 大一大二	女生1分钟仰卧起坐/次 大三大四	男生1000m跑/min·s 大一大二	男生1000m跑/min·s 大三大四	女生800m跑/min·s 大一大二	女生800m跑/min·s 大三大四
优秀	100	273	275	207	208	19	20	56	57	3′17″	3′15″	3′18″	3′16″
	95	268	270	201	202	18	19	54	55	3′22″	3′20″	3′24″	3′22″
	90	263	265	195	196	17	18	52	53	3′27″	3′25″	3′30″	3′28″
良好	85	256	258	188	189	16	17	49	50	3′34″	3′32″	3′37″	3′35″
	80	248	250	181	182	15	16	46	47	3′42″	3′40″	3′44″	3′42″
	78	244	246	178	179			44	45	3′47″	3′45″	3′49″	3′47″
	76	240	242	175	176	14	15	42	43	3′52″	3′50″	3′54″	3′52″
	74	236	238	172	173			40	41	3′57″	3′55″	3′59″	3′57″
	72	232	234	169	170	13	14	38	39	4′02″	4′00″	4′04″	4′02″
	70	228	230	166	167			36	37	4′07″	4′05″	4′09″	4′07″
及格	68	224	226	163	164	12	13	34	35	4′12″	4′10″	4′14″	4′12″
	66	220	222	160	161			32	33	4′17″	4′15″	4′19″	4′17″
	64	216	218	157	158	11	12	30	31	4′22″	4′20″	4′24″	4′22″
	62	212	214	154	155			28	29	4′27″	4′25″	4′29″	4′27″
	60	208	210	151	152	10	11	26	27	4′32″	4′30″	4′34″	4′32″
不及格	50	203	205	146	147	9	10	24	25	4′52″	4′50″	4′44″	4′42″
	40	198	200	141	142	8	9	22	23	5′12″	5′10″	4′54″	4′52″
	30	193	195	136	137	7	8	20	21	5′32″	5′30″	5′04″	5′02″
	20	188	190	131	132	6	7	18	19	5′52″	5′50″	5′14″	5′12″
	10	183	185	126	127	5	6	16	17	6′12″	6′10″	5′24″	5′22″

4.《国家学生体质健康标准》体重指数评分表

附表1-3所示为大学生的体重指数（BMI）单项评分表。

附表1-3　体重指数（BMI）单项评分表（单位：kg/m²）

等级	单项得分	大学男生	大学女生
正常	100	17.9 ~ 23.9	17.2 ~ 23.9
低体重	80	≤17.8	≤17.1
超重		24.0 ~ 27.9	24.0 ~ 27.9
肥胖	60	≥28.0	≥28.0

5.《国家学生体质健康标准》大学生加分指标评分表

附表1-4所示为大学生加分指标评分表。

附表1-4　大学生加分指标评分表

加分	男生引体向上 / 次		女生1分钟仰卧起坐 / 次		男生1000m跑 / min·s		女生800m跑 / min·s	
	大一 大二	大三 大四	大一 大二	大三 大四	大一 大二	大三 大四	大四 大二	大三 大四
10	10	10	13	13	–35″	–35″	–50″	–50″
9	9	9	12	12	–32″	–32″	–45″	–45″
8	8	8	11	11	–29″	–29″	–40″	–40″
7	7	7	10	10	–26″	–26″	–35″	–35″
6	6	6	9	9	–23″	–23″	–30″	–30″
5	5	5	8	8	–20″	–20″	–25″	–25″
4	4	4	7	7	–16″	–16″	–20″	–20″
3	3	3	6	6	–12″	–12″	–15″	–15″
2	2	2	4	4	–8″	–8″	–10″	–10″
1	1	1	2	2	–4″	–4″	–5″	–5″

注：引体向上、一分钟仰卧起坐均为高优指标，学生成绩超过单项评分100分后，以超过的次数所对应的分数进行加分；1000m跑、800m跑均为低优指标，学生成绩低于单项评分100分后，以减少的时间所对应的分数进行加分。

二、体质健康评价

体质健康评价通常可以从身体形态、身体机能、身体素质、心理状态、适应能力等几个方面入手。

1．身体形态

身体形态指人体在一定条件下的表现形式，其评价通常包括体格、身体成分、体型和身体姿态等。

（1）体格评价。体格指身体各部分的长度、宽度、围度、厚度和质量。常用的体格评价指标包括身高、坐高、肩宽、骨盆宽、胸宽、胸厚、上臂围、胸围、腰围、臀围、体重等。

（2）身体成分评价。身体成分指组成人体各组织器官的总成分，它是评价健康的重要依据。身体成分评价方法主要有两种：一是通过体重指数（BMI）进行评价，成年人正常值为 19 ~ 25，小于 17.5 为体重偏轻，大于 26 为超重，大于 28 为肥胖；二是通过体脂百分比进行评价，体脂百分比指体脂质量占体重的百分比，成年男性的理想体脂百分比为 6% ~ 15%，成年女性为 10% ~ 20%。

（3）体型评价。体型是对人体某个阶段形态结构及组成成分的定量描述。体型不仅影响形体美观，还与人的体质健康有着比较密切的关系。体型的主要分类依据是肌肉、骨骼的发达程度和脂肪的储存程度。根据身体某部分器官发达的程度和身体外表的特征，可将体型分为 3 类：内胚层型（肥胖型）、中胚层型（强壮型）和外胚层型（瘦削型）。

（4）身体姿势评价。身体姿势在一定程度上反映骨骼、肌肉、内脏器官与神经系统等各组织的力学关系，良好的身体姿势使身体处于稳定状态，保证身体各器官的功能正常，减轻肌肉、韧带的紧张程度。常用的身体姿势评价指标有 4 个，即脊柱形状、胸廓形状、腿形和足形。

2．身体机能

身体机能指人体新陈代谢水平以及各器官系统的效能。身体机能的评价方式主要有心血管机能评价和心肺功能评价。心血管机能评价指标包括脉搏、血压等；心肺功能评价指标主要有最大摄氧量和肺活量等。

3．身体素质

身体素质指人体在运动中表现出的速度、力量、耐力、灵敏及柔韧等方面的机能能力，也是人体的基本活动能力，是体质的重要组成部分，反映了人的体质差异。身体素质评价通常包括速度素质、力量素质、耐力素质、灵敏素质、柔韧素质等几项。

4．心理状态

心理健康是体质健康的重要方面，主要指人的基本心理活动的过程内容完整、协调一致，即认识、情感、意志、行为、人格完整和协调，能适应社会，与社会保持同步。目前一般选择可信度较高的量表来测评人的心理，也常用一些测量仪器来测定人的时间知觉、空间知觉、操作思维和平衡感觉，将动作反应的速度及准确性等作为评价心理机能的指标。

5．适应能力

人体适应能力指人维持身体与内外环境间平衡的能力，具体包括个体维持自身与其生存的自然环境、社会环境及生理环境间协调的能力，以及最大限度保持自身健康的能力。

附录二 大学生各测试项目评分标准（男）

等级	单项得分	肺活量体重指数	1000m /min·s	台阶试验	50m跑 /s	立定跳远 /m	掷实心球 /m	握力体重指数	引体向上 /次	坐位体前屈 /cm	跳绳 次/min	篮球运球 /s	足球运球 /s	排球垫球 /s
优秀	100	84	3'27"	82	6.0	2.66	15.7	92	26	23.0	198	8.6	6.3	50
	98	83	3'28"	80	6.1	2.65	15.2	91	25	22.6	193	9.0	6.5	49
	96	82	3'31"	77	6.2	2.63	14.4	90	24	22.0	186	9.6	6.9	46
	94	81	3'33"	74	6.3	2.62	13.6	89	23	21.4	178	10.3	7.3	44
	92	80	3'35"	71	6.4	2.60	12.5	87	22	20.6	168	11.1	7.7	41
	90	78	3'39"	67	6.5	2.58	11.5	86	21	19.8	158	12.0	8.2	38
良好	87	77	3'42"	65	6.6	2.56	11.3	84	20	18.9	152	12.4	8.5	37
	84	75	3'45"	63	6.8	2.52	10.9	81	19	17.5	144	12.9	8.9	34
	81	73	3'49"	60	7.0	2.48	10.5	79	18	16.2	136	13.5	9.3	32
	78	71	3'53"	57	7.3	2.43	10.0	75	17	14.3	124	14.3	9.9	29
	75	68	3'58"	53	7.5	2.38	9.5	72	16	12.5	113	15.0	10.4	26

续表

等级	单项得分	肺活量体重指数	1000m /min·s	台阶试验	50m跑 /s	立定跳远 /m	掷实心球 /m	握力体重指数	引体向上 /次	坐位体前屈 /cm	跳绳 次/min	篮球运球 /s	足球运球 /s	排球垫球 /s
及格	72	66	4′05″	52	7.6	2.35	9.3	70	15	11.3	108	15.6	10.7	25
	69	64	4′12″	51	7.7	2.31	8.9	66	14	9.5	101	16.6	11.2	23
	66	61	4′19″	50	7.8	2.26	8.5	63	13	7.8	94	17.5	11.7	21
	63	58	4′26″	48	8.0	2.20	8.0	59	12	5.4	85	18.8	12.3	18
	60	55	4′33″	46	8.1	2.14	7.5	54	11	3.0	75	20.0	12.9	15
不及格	50	54	4′40″	45	8.2	2.12	7.3	53	9	2.4	71	20.6	13.3	14
	40	52	4′47″	44	8.3	2.09	7.0	51	8	1.4	64	21.6	13.8	12
	30	51	4′54″	43	8.5	2.06	6.7	49	7	0.5	58	22.5	14.3	10
	20	49	5′01″	42	8.6	2.03	6.2	47	6	-0.8	49	23.8	15.0	8
	10	47	5′08″	40	8.8	1.99	5.8	44	5	-2.0	40	25.0	15.7	5

附录三　大学生各项测试项目评分标准（女）

等级	单项得分	肺活量体重指数	800m /min·s	台阶试验	50m跑 /s	立定跳远 /m	掷实心球 /m	握力体重指数	仰卧起坐 次/min	坐位体前屈 /cm	跳绳 次/min	篮球运球 /s	足球运球 /s	排球垫球 /次
优秀	100	70	3'24"	78	7.2	2.07	8.6	74	52	21.1	190	11.2	7.3	46
	98	69	3'27"	75	7.3	2.06	8.5	73	51	20.8	184	11.5	7.8	44
	96	68	3'29"	72	7.4	2.05	8.4	72	50	20.3	175	12.0	8.6	41
	94	67	3'32"	69	7.5	2.03	8.2	71	49	19.8	166	12.6	9.4	38
	92	65	3'35"	64	7.7	2.01	8.0	69	47	19.2	154	13.3	10.5	34
	90	64	3'38"	60	7.8	1.99	7.8	67	45	18.6	142	14.0	11.5	30

续表

等级	单项得分	肺活量体重指数	800m /min·s	台阶试验	50m跑 /s	立定跳远 /m	掷实心球 /m	握力体重指数	仰卧起坐 次/min	坐位体前屈 /cm	跳绳 次/min	篮球运球 /s	足球运球 /s	排球垫球 /次
良好	87	63	3'42"	59	7.9	1.97	7.7	66	44	17.7	137	14.6	11.9	29
	84	61	3'46"	57	8.0	1.93	7.6	63	43	16.3	130	15.6	12.5	27
	81	59	3'50"	55	8.2	1.89	7.5	61	42	15.0	122	16.5	13.2	25
	78	57	3'54"	52	8.3	1.84	7.4	58	40	13.1	112	17.8	14.0	23
	75	54	3'58"	49	8.5	1.79	7.2	55	38	11.3	102	19.0	14.9	20
及格	72	53	4'03"	48	8.6	1.76	7.1	53	37	10.1	98	19.8	15.6	19
	69	51	4'08"	47	8.7	1.72	7.0	50	35	8.3	92	20.9	16.7	17
	66	49	4'13"	46	8.8	1.69	6.8	48	33	6.5	86	22.0	17.8	15
	63	46	4'18"	44	8.9	1.63	6.6	44	31	4.1	78	23.5	19.3	13
	60	43	4'23"	42	9.0	1.58	6.4	40	28	1.7	70	25.0	20.8	10
不及格	50	42	4'30"	41	9.1	1.56	6.2	39	27	1.5	66	25.8	21.2	9
	40	41	4'37"	40	9.3	1.53	6.0	38	26	1.3	59	26.9	21.9	8
	30	39	4'44"	39	9.5	1.50	5.7	36	25	1.0	53	28.0	22.5	7
	20	37	4'51"	38	9.8	1.46	5.4	34	23	0.6	44	29.5	23.4	6
	10	35	5'00"	36	10.0	1.42	5.0	32	21	0.2	35	31.0	24.3	4

附录四　大学生心理健康测量与评价

对以下 40 道题，如果感到"常常是"，划√号；"偶尔是"，划△号；"完全没有"，划 × 号。

1. 平时不知为什么总觉得心慌意乱，坐立不安。

2. 上床后，怎么也睡不着，即使睡着也容易惊醒。

3. 经常做恶梦，惊恐不安，早晨醒来就感到倦怠无力、焦虑烦燥。

4. 经常早醒 1~2 小时，醒后很难再入睡。

5. 学习的压力常使自己感到非常烦躁，讨厌学习。

6. 读书看报甚至在课堂上也不能专心一致，往往自己也搞不清。

7. 遇到不称心的事情便较长时间地沉默少言。

8. 感到很多事情不称心，无端发火。

9. 哪怕是一件小事情，也总是很放不开，整日思索。

10. 感到现实生活中没有什么事情能引起自己的乐趣，郁郁寡欢。

11. 老师讲概念，常常听不懂，有时懂得快忘得也快。

12. 遇到问题常常举棋不定，迟疑再三。

13. 经常与人争吵发火，过后又后悔不已。

14. 经常追悔自己做过的事，有负疚感。

15. 一遇到考试，即使有准备也紧张焦虑。

16. 一遇挫折，便心灰意冷，丧失信心。

17. 非常害怕失败，行动前总是提心吊胆，畏首畏尾。

18. 感情脆弱，稍不顺心，就暗自流泪。

19. 自己瞧不起自己，觉得别人总在嘲笑自己。

20. 喜欢跟自己年幼或能力不如自己的人一起玩或比赛。

21. 感到没有人理解自己，烦闷时别人很难使自己高兴。

22. 发现别人在窃窃私语，便怀疑是在背后议论自己。

23. 对别人取得的成绩和荣誉常常表示怀疑，甚至嫉妒。

24. 缺乏安全感，总觉得别人要加害自己。

25. 参加春游等集体活动时，总有孤独感。

26. 害怕见陌生人，人多时说话就脸红。

27. 在黑夜行走或独自在家有恐惧感。

28. 一旦离开父母，心里就不踏实。

29. 经常怀疑自己接触的东西不干净，反复洗手或换衣服，对清洁极端注意。

30. 担心是否锁门和可能着火，反复检查，经常躺在床上又起来确认，或刚一出门又返回检查。

31. 站在悬崖边、大厦顶、阳台上，有摇摇晃晃要跳下去的感觉。

32. 对他人的疾病非常敏感，经常打听，生怕自己也身患同病。

33. 对特定的事物、交通工具（电车、公共汽车等）、尖状物及白色墙壁等稍微奇怪的东西有恐怖倾向。

34. 经常怀疑自己发育不良。

35. 一旦与异性交往就脸红心慌或想入非非。

36. 对某个异性伙伴的每一个细微行为都很注意。

37. 怀疑自己患了癌症等严重不治之症，反复看医书或去医院检查。

38. 经常无端头痛，并依赖止痛或镇静药。

39. 经常有离家出走或脱离集体的想法。

40.感到内心痛苦无法解脱，只能自伤或自杀。

测评方法：

√得2分，△得1分，× 得0分。

评价参考：

（1）0~8分。心理非常健康，请你放心。

（2）9~16分。大致属于健康的范围，但应有所注意，也可以找老师或同学聊聊。

（3）17~30分。你在心理方面有了一些障碍，应采取适当的方法进行调适，或找心理辅导老师帮助你。

（4）31~40分。是黄牌警告，有可能患了某些心理疾病，应找专业的心理医生进行检查治疗。

（5）41分以上。有较严重的心理障碍，应及时找专业的心理医生治疗。